STEFAN WIERTZ

FLEISCH

STEFAN

WIERTZ

FLEISCH

WARENKUNDE & TECHNIKEN

80 REZEPTE

Bassermann

× INHALTSVERZEICHNIS ×

DER GENUSSNOMADE UND × DAS FLEISCH ×

Für mich ist Fleisch ein essenzieller Bestandteil meines Lebens. Mein Credo lautet: Nicht immer Fleisch, aber immer beste Qualität! Und damit bekommt der Metzger oder Lieferant des Fleisches große Bedeutung. Denn Fleischkauf ist Vertrauenssache. Regionale und saisonale Produkte sollten auch in der heimischen Küche im Fokus stehen. Wenn jedoch das beste Lamm nun mal nicht beim Nachbarn auf der Weide steht ... Dann gibt es aber sicherlich jemanden, der es besorgen kann! Die Zubereitung von gutem Fleisch hat auch etwas mit dem Respekt vor der Kreatur zu tun und mit der Art, wie diese lebte. Fleisch von freilaufenden Weidetieren bereite ich gerne den Teller. Der saftige Einbiss in ein wohlbereitetes Fleischstück wird zwar erst seit Kikunae Ikeda, einem japanischen Chemiker, der Anfang des 20. Jahrhunderts lebte, mit »umami« bezeichnet, was so viel wie »fleischig und herzhaft, wohlschmeckend« bedeutet. Doch auch schon Urzeit-Jäger feierten aus den wohl selben Geschmacksgründen mit dem Fleisch erlegter Tiere rauschende Feste.

In diesem Sinne mit den genüsslichsten Grüßen,
Ihr »Genussnomade«

STEFAN WIERTZ

× FLEISCHBASICS ×

Als Fleisch werden alle Teile vom geschlachteten oder erlegten warmblütigen Tier bezeichnet, welche zum Verzehr für den Menschen geeignet sind. In der Küche unterscheidet man zwischen rotem und weißem Fleisch, also zwischen dem mehr oder weniger stark rötlichen Fleisch von Huf-/Wildtieren und dem hellen bis bräunlichen Fleisch vom Federvieh. Die farblichen Unterschiede ergeben sich vorwiegend durch den unterschiedlichen Gehalt des Fleisches an Myoglobin, welches für den Sauerstofftransport innerhalb der Muskelzellen verantwortlich ist.

Zu den Lieferanten von rotem Fleisch gehören Rind, Schwein, Schaf, Ziege, Pferd, Kaninchen und Wild (ohne Wildgeflügel).

Ist von weißem Fleisch die Rede, sind Huhn, Truthahn, Gans, Ente, Taube und Wildgeflügel wie z.B. Fasan, Rebhuhn, Wachtel und Perlhuhn gemeint.

WISSENSWERTES

Aus ernährungsphysiologischer Sicht ist Fleisch ein biologisch hochwertiger Eiweißträger und somit die wohl bedeutsamste Eiweißquelle neben Fisch und Milchprodukten. Ebenso liefert Fleisch die wichtigen Vitamine B1, B6 und B12 sowie die Mineralstoffe Eisen, Selen und Zink.

Aus küchentechnischer Sicht, das heißt, wenn es um die verschiedenen Gartechniken geht, ist Fleisch nicht gleich Fleisch: Fleischteile mit einem höheren Anteil an Bindegewebe sind bestens zum Schmoren und Kochen geeignet (das sind beim Rind z. B. Zungenstück, Mittelbugstück, Hüfte, Tafelspitz, Schwanzstück und Brust). Die Fleischteile mit zarterer, gleichmäßigerer Marmorierung und geeignetem Fettanteil sind dagegen bestens zum Kurzbraten, Pochieren, Dämpfen und für die Sous-vide-Gartechnik (Garen im Vakuumbeutel) geeignet (das sind beim Rind z. B. Filet, Roastbeef, Nuss, Schwanzrolle, Rumpsteak). Mehr Informationen zu den Garmethoden finden Sie auf Seite 16.

Von Fachleuten hört man im Zusammenhang mit qualitativ hochwertigem Fleisch immer wieder von der **Fleischreifung** beziehungsweise dem **Abhängen.** Damit wird die kontrollierte Lagerung von frischem rohem Fleisch mit dem Ziel der Qualitätsverbesserung bezeichnet. Die während der Lagerzeit ablaufenden Prozesse tragen zur sogenannten Fleischreifung bei. Das Fleisch erlangt unter anderem eine größere Wasserbindefähigkeit, dadurch gart es anschließend schneller und bleibt in sich saftiger. Das Fleisch wird außerdem aromatischer und bekömmlicher.

Die Reifezeiten sind je nach Tierart unterschiedlich. Geflügel und Schweinefleisch reifen längstens 3 Tage, Kalbfleisch 8 – 10 Tage, Wild 12 – 16 Tage und Rindfleisch sogar 14 – 21 Tage. Das Fleisch wird in den ersten sieben Tagen zarter, durch das weitere Reifen bildet sich das Aroma aus. Die Reifezeit ist jedoch nicht nur art-, sondern auch schnittgrößenabhängig. Ausgelöste Fleischstücke reifen schneller als beispielsweise ganze Tierhälften oder ganze Keulen.

FLEISCH-HANDLING

Nicht zu viel einkaufen. Kaufen Sie immer nur so viel frisches Fleisch, wie auch innerhalb der nächsten drei Tage verbraucht wird. Denn im heimischen Kühlschrank herrschen nicht die optimalen Lagertemperaturen wie beim Metzger. Die Lagertemperatur von Stückfleisch liegt dort bei + 2 °C.

Fleisch soll sauber sein. Fleisch gegebenenfalls sofort aus der Vakuumverpackung nehmen, kalt abwaschen und trockentupfen. Frisch beim Metzger gekaufte Stücke brauchen nicht gewaschen zu werden, sie werden lediglich abgetupft. Zur Lagerung im Kühlschrank das Fleisch gerne auf frische Kräuter betten (die ätherischen Öle in den Kräutern wirken schon vorab auf die Fleischfasern und aromatisieren diese) und das Ganze erst mit einem sauberen Küchentuch und anschließend mit Folie umwickeln.

Fleisch sollte vor der Zubereitung stets auf Zimmertemperatur gebracht werden, damit sich die Fasern entspannen können und das Eigenaroma optimal zur Geltung kommen kann. Aus diesem Grund das Fleisch mindestens eine Stunde vor der Verarbeitung aus dem Kühlschrank nehmen.

Gebratenes Fleisch braucht Zeit. Jedwedes Stück angebratenes Fleisch sollte vor dem nächsten Zubereitungsschritt eine Pause bekommen. Als Faustformel gilt bei Fleischstücken bis zu 2 Kilogramm: 1 Minute Ruhephase pro 100 Gramm Fleischgewicht. Beim Ruhen entspannen sich die Sehnen des angebratenen Fleisches, es wird zarter, und die Fleischsäfte sammeln sich im Zentrum des Fleischstücks. Dies sorgt für saftigstes Fleischvergnügen nach dem Garen. Das Ruhen sollte aus meiner Sicht immer auf organischem Untergrund geschehen, also auf einem Holzbrett, und immer gerne auch auf ein paar angedrehten frischen Kräutern. Das Fleischstück wird während des Ruhens mit einem sauberen Küchentuch oder einem Mulltuch abgedeckt. Die Kräuter entfalten durch das Aufbrechen der Zellen beim Andrehen ihre ätherischen Öle optimal, und das Fleisch kann diese während der Ruhephase direkt aufnehmen. Ich verwende in der Küche gerne Mulltücher zum Abdecken, Wickeln und Lagern, da diese bei 95 °C in der Kochwäsche waschbar sind und damit hygienisch sauber werden. Außerdem weisen sie ideale Maße auf.

Kulinarische Resteverwertung. Beim Kauf von Fleischstücken kauft man meistens auch Fett und Sehnen mit. Diese sollten daheim schonend mit einem sehr scharfen, biegsamen, flach gehaltenen Messer entfernt werden. Der Fachmann spricht hierbei vom Parieren – das bedeutet Säubern des Muskelfleisches von Sehnen, Fett und Silberhäuten. Beim Parieren sollten die Muskelfasern möglichst nicht verletzt oder angeschnitten werden. Die Abschnitte nennt man Abgänge oder Parüren. Sie können zusammen mit einer Demi Glace (Rezept siehe Seite 121) zur Herstellung eines Saucenansatzes verwendet werden: Die in einer Eisbox eingefrorenen Abschnitte (Parüren) aus den letzten Wochen, etwa 1 Kilogramm, am Vortag auftauen lassen und tags darauf kalt abspülen. Die Parüren abtropfen lassen, dann in einem Bräter oder einer Pfanne in etwas Öl scharf anbraten, mit 8 Tiefkühlwürfeln Demi Glace auffüllen. Aufkochen und offen kochen lassen.

Nach etwa 30 Minuten ist der Saucenansatz perfekt reduziert und kann durch ein Sieb gegossen werden. Wichtig ist es, die Parüren im Sieb zuletzt noch kräftig auszudrücken, damit jedweder Fleischsaft herausgepresst wird. (Ergibt etwa 8 Portionen schnellen Saucenansatz.) Dieser Ansatz kann je nach Gusto und Jahreszeit verfeinert werden, z. B. mit:

- feinen Champignonwürfeln
- Sahne und Butter
- Frühlingszwiebeln und Rotwein
- Johannisbeermarmelade und Birnenwürfeln

„Eine gute Resteverwertung, bei der ein geschmacklich und qualitativ hochwertiges Produkt entsteht, ist für mich die Basis des professionellen Handlings in der Küche. Anhand der Weiterverwertung von Abgängen/Parüren kann man gut sehen, dass es in der Küche kaum Abfälle geben muss."

× FLEISCHARTEN IM ÜBERBLICK ×

WICHTIGE STÜCKE DES RINDS

Das **Rinderfilet**, die innere Lendenmuskulatur, ist das wertvollste Teilstück des Rindes. Es ist butterzart, mager und besonders vollfleischig im Geschmack. Das Filet ist geeignet zum Kurzbraten im Ganzen oder zum Pochieren, zum Dämpfen, Räuchern oder für die Sous-vide-Gartechnik. Außerdem kann man es auch roh verwenden, z. B. für Carpaccio oder Schabefleisch.

Die **Rinderzunge** ist ein reiner, fettfreier Muskel, der, wenn er nach dem Garen von der ledrigen Haut befreit wurde, zu den zartesten Fleischstücken gehört. Eignet sich gut zum Kochen und anschließenden Marinieren.

Das **Roastbeef** teilt man in vorderes Roastbeef (auch: hohes Roastbeef oder Vorderrippe) und in das hintere Roastbeef (auch: flaches Roastbeef bzw. Rostbraten) ein. Es ist ein zartes, aromatisches Fleischstück und eignet sich zum Zuschnitt von diversen Steaks (z. B. T-Bone-Steak, Rumpsteak, Porterhouse-Steak, Sirloin-Steak) und zum Kurzbraten, Rückwärtsbraten (siehe Seite 16), Niedrigtemperaturgaren sowie für die Sous-vide-Gartechnik und zum Braten im Ganzen.

Ribeye heißt das Steak aus der Hochrippe. Der fettreiche Rippendeckel umrahmt hier den zarten Muskelstrang der Hochrippe. Dieser magere Muskel wird umgangssprachlich auch Auge genannt (daher auch das englische »eye«). Ribeye ist das optimale Fleisch zum Niedrigtemperaturgaren und Schmoren, zum Braten im Ganzen oder auch als dicke Steakscheibe; in letzterer Form eignet sich das Ribeye auch zum Grillen.

Die **Unterschale** ist grobfaseriger als die **Oberschale** (beides aus der Keule). Sie eignet sich besonders gut zum Schmoren und Braten im Ganzen, grob gewürfelt für Gulasch und in feine Scheiben geschnitten als Rouladenfleisch.

Ochsenwade, regional auch Hesse, heißt der Unterschenkel des Ochsen. Sie eignet sich ausgelöst für Schmorgerichte, Ragouts und als Gulasch. Mit den markreichen Knochen verwendet man Ochsenwade gerne als Aromageber in kräftigen Eintöpfen.

WICHTIGE STÜCKE DES KALBS

Als Kalbfleisch wird das Fleisch von Jungrindern bezeichnet, die im Alter von etwa 22 Wochen und mit etwa 150 Kilogramm Gewicht geschlachtet werden. Das Fleisch ist hellrot, fein im Geschmack und zart. Es ist fettarm und sollte generell schonend gegart werden, damit es nicht austrocknet.

Das **Kalbsfilet**, auch als Lungenbraten bezeichnet, ist ein Teilstück des Hinterviertels des Kalbs. Sein Fleisch ist absolut mager und besticht durch feinste Fleischstruktur. Es eignet sich zum Kurzbraten, Schmoren und Braten im Ganzen, zum Pochieren, Dämpfen, für die Sous-vide-Gartechnik und schmeckt auch roh fein.

Der **Kalbsrücken** entspricht dem Roastbeef des Rindes. 100 Gramm des ausgelösten Muskelfleisches enthalten nur etwa 1,4 Gramm Fett. Dieses magere Fleisch eignet sich besonders gut zum Kurzbraten, als Schnitzel oder mit Knochen als Kotelett.

Das Fleisch der **Kalbsbrust** ist schön marmoriert, das heißt mit feinem Fett und Bindegewebe durchsetzt. Das gibt ihr besonders viel Geschmack. Die Kalbsbrust eignet sich besonders gut zum Kochen und Schmoren.

Die **Kalbshaxe** ist der untere Teil der Keulen des Kalbs. Die Hinterhaxen sind immer etwas schwerer und fleischiger als die Vorderhaxen. Im Ganzen eignet sich die Haxe zum Kochen und Schmoren, in Scheiben geschnitten wird sie z. B. für Ossobuco verwendet.

WICHTIGE STÜCKE DES SCHWEINS

Das **Filet** ist das begehrteste Stück des Schweins. Es liegt an der Unterseite des hinteren Kotelettstrangs. Das parierte Filet enthält nur 2 Prozent Fett. Verwendung findet es im Ganzen gebraten, als Medaillon, man kann es pochieren, dämpfen oder sous-vide garen. Auch geräuchert ist Schweinefilet eine echte Delikatesse.

Die **Schweineschulter** liegt direkt am Nacken des Schweins, ihr Fleisch ist eher grobfaserig. Durch den hohen Anteil an Sehnen und Fett liegt der Fettgehalt der unparierten Schulter bei bis zu 10 Prozent (pariert höchstens 7 Prozent). Damit eignet sich die Schulter sehr gut zum Schmoren, Kochen oder als Gulasch.

WICHTIGE STÜCKE DES LAMMS

Das **Lammfilet** ist wie bei anderen Schlachttieren das zarteste Teilstück, jedoch wird es häufig wegen seiner geringen Größe und seines Gewichts von nur höchstens 150 Gramm beim Zuschnitt dem Kotelettstrang zugeordnet. Das parierte Filet ist jedoch eine der zartesten Versuchungen des gesamten Fleischuniversums. Lammfilets, auch Lammfinger genannt, eignen sich zum Kurzbraten und für die Sous-vide-Gartechnik.

Als **Lammrücken** bezeichnet man das Kotelett- und Lendenstück inklusive dem einliegenden Filet. Bei größeren Tieren wird der Rücken in der Länge geteilt, wogegen er bei kleineren Tieren als Doppelstrang angeboten wird. Am häufigsten wird jedoch der ausgelöste und parierte Lammrücken verwendet. Sein zartes Fleisch eignet sich besonders zum Kurzbraten, Dünsten oder auch für die Sous-vide-Gartechnik.

Die **Lammkeule**, genauer die Hinterkeule, macht 30 Prozent des Schlachttieres aus. Sie lässt sich vielseitig zerlegen und verwenden. Aus Oberschale, Unterschale und Nuss gewinnt man saftige Schmorbraten und bestes Grillfleisch. Durch ihr stark durchwachsenes Fleisch eignet sich die Lammkeule auch im Ganzen als saftiger Schmorbraten.

»

Gut zerlegte und parierte Fleischstücke sind für mich schon im Vorfeld der Zubereitung ein Augenschmaus. Und sie sind Voraussetzung für das optimale Gelingen eines Gerichts.

RIND:

Filet, Scheibe aus der Oberschale

KALB:

Haxe, Brust

SCHWEIN:

Filet, Brustspitze / Schulter

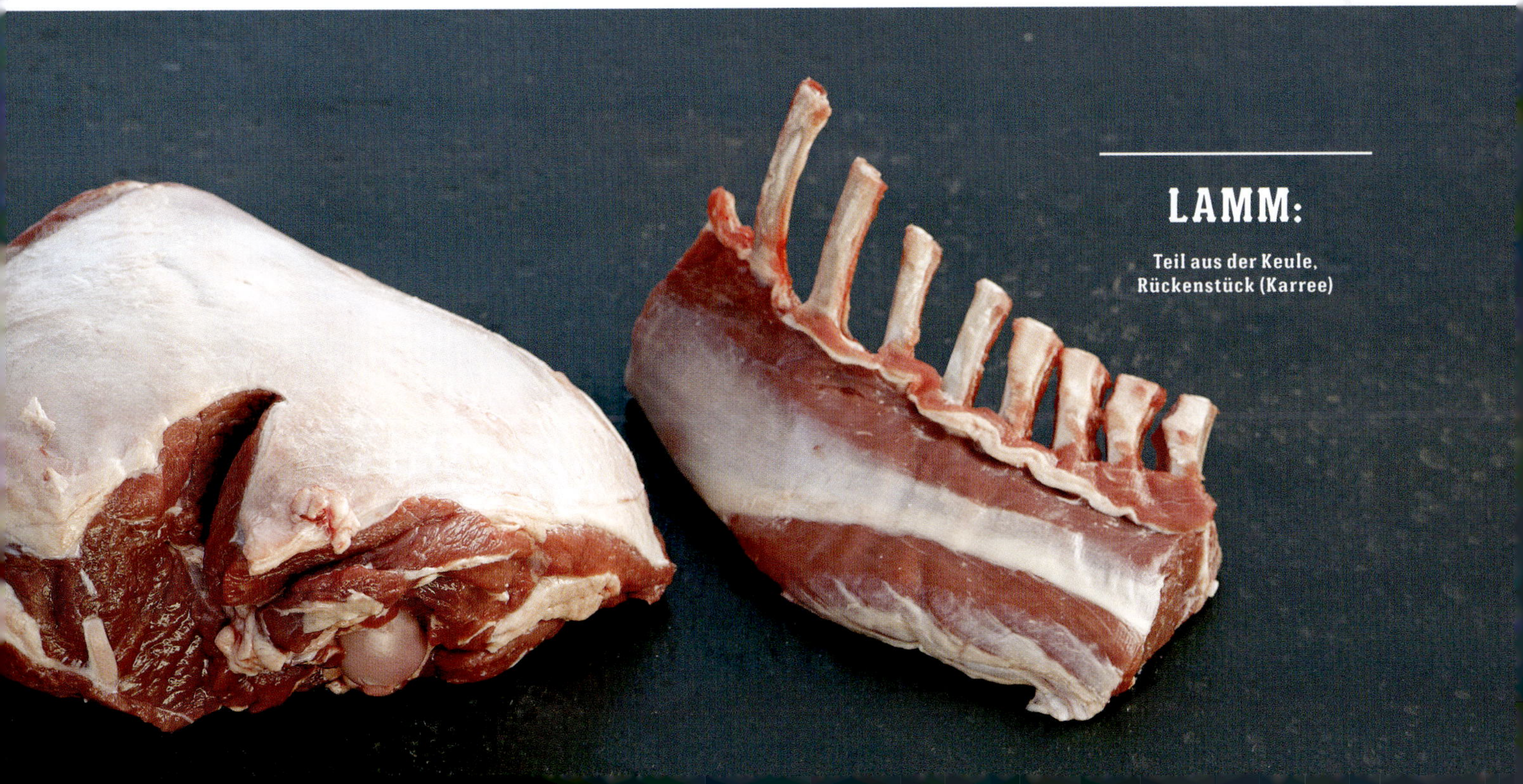

LAMM:

Teil aus der Keule, Rückenstück (Karree)

× GEFLÜGEL ×

Beim Geflügel unterscheidet man in der Regel zwischen **Hausgeflügel** (Haushuhn, Truthahn, Ente, Gans und Taube) sowie **Wildgeflügel** (Fasan, Rebhuhn, Perlhuhn und Wachtel).

Geflügel sollte immer tagesfrisch eingekauft und verarbeitet werden, sein Fleisch ist besonders zart und empfindlich. Es hat einen besonders niedrigen Fettgehalt im Muskelgewebe und enthält viel Protein, viele Vitamine und Mineralstoffe. Bei Freilandgeflügel kann davon ausgegangen werden, dass die Tiere nicht mit Hormonen und/oder Penicillin behandelt wurden. Im besten Fall haben Sie einen Geflügelhändler an Ihrem Wohnort oder auf dem Wochenmarkt Ihrer Stadt. Andernfalls bietet sich vielleicht ein Direktversand für (Edel-)Geflügel an (im Internet zu finden). Ideal ist natürlich, wenn das Geflügel, das Sie achtsam zubereiten werden, auch aus achtsamer, also artgerechter Freilandhaltung stammt.

GAREN VON GEFLÜGELFLEISCH

Geflügel, das im Ganzen zubereitet wird, bietet eine breite Palette an unterschiedlichen Fleischstrukturen und Aromen – von der zarten Brust bis hin zum knusprigen Flügel. Bei der Zubereitung sollte immer beachtet werden, dass diese unterschiedlichen Fleischteile nicht zu heiß und nicht zu lange gegart werden, nur dann bleiben sie saftig. Eine gute Variante, ganzes Geflügel zu garen, ist das »Plattlegen«: Hierzu wird der Vogel längs entlang des Brustbeins oder der Wirbelsäule aufgeschnitten und flach auf das Blech oder die Pfanne gelegt, so gart das Fleisch gleichmäßiger durch. Generell liebt Geflügel frische Kräuter, und mit diesen sollte nicht gegeizt werden.

DIE STÜCKE VOM GEFLÜGEL

Die **Brust** macht ungefähr 35 Prozent des Gesamtgewichts beim Geflügel aus. Die besonders magere Brust sollte immer sehr schonend gegart werden, da sie bei zu langer Garzeit zum Austrocknen neigt. Schonend gegart offenbart sich aber ihr feiner Geschmack. Dazu löst man beispielsweise die Brust im Ganzen aus, brät sie auf der Hautseite an und gießt anschließend etwas Wein an, bevor man das Fleisch für 10 Minuten in den Ofen bei 150 °C gibt. Wenn man es besonders saftig möchte, sollte man die Brust immer mit Knochen und Haut garen, da bei diesem Schnitt keinerlei Saft beim Braten austreten kann. Die Brust eignet sich besonders zum Kurzbraten, Dämpfen, für die Sous-vide-Gartechnik und leichtes Schmoren.

Die muskulöse **Geflügelkeule** ist aromatischer als die Brust. Dazu tragen die zwischen den Muskeln liegenden dünnen Fettschichten bei. Bei größerem Geflügel werden Ober- und Unterkeule getrennt verwertet, z. B. beim Truthahn. Geflügelkeulen eignen sich besonders zum Grillen, Schmoren (ausgelöst), Pochieren und für die Sous-vide-Gartechnik. Ein zarter Genuss sind auch die ausgelösten Bollen (Oberschenkel) vom Hähnchen.
Die fast fleischlosen **Flügel** sind ein gern auf dem Grill zubereiteter Knabberspaß. Sie eignen sich außerdem gut zum Kurzbraten.

OBERE REIHE:

Perlhuhn, Ente

UNTERE REIHE:

Wachteln, Haushuhn, Maispoularde

”

Ich bevorzuge ganzes Geflügel, da ich so einen guten Eindruck von der Frische des Fleisches und seiner Qualität bekomme. Zudem ermöglicht es, aus den Abgängen, z. B. nach Auslösen des Brustfilets, einen aromatischen Geflügelfond herzustellen.

”

VON OBEN:

Flügel, Brust, Schenkel (alles vom Haushuhn)

× MEINE FLEISCHFAVORITEN ×

MEIN LIEBLINGSGEFLÜGEL

Der **Kapaun**, in manchen Regionen auch Kapphahn genannt, bezeichnet einen gemästeten Hahn, der mit zwölf Wochen kastriert wird. Er hat ein Gewicht von bis zu 2 Kilogramm und kommt nur von Anfang bis Ende Dezember in den Handel. Er ist ein klassischer Festtagsbraten. Besonders wegen des zarten weißen Fleisches ist der »Chapon de Bresse«, der Bresse-Kapaun aus Frankreich, die edelste Variante des auch in Italien und Österreich beheimateten Geflügels. In Frankreich wird er gerne samt Kopf, Füßen und Schwanz ausgeliefert, um die Frische des geschlachteten Tiers zu zeigen.

Das **Maishuhn** und die **Maispoularde** werden, wie es der Name schon sagt, in der Hauptsache mit Mais gefüttert. Dadurch erhalten die Tiere ihre besondere gelbe Fleisch- und Hautfarbe sowie eine zartere Fleischfaserstruktur.

Als **Hähnchen** werden generell Haushühner beiderlei Geschlechts mit einem Gewicht bis zu 1,2 Kilogramm bezeichnet. Dieses Gewicht erreichen die Tiere in der ökologischen Landwirtschaft in einer Wachstumszeit von bis zu zehn Wochen, Masthähnchen dagegen müssen dies innerhalb von bis zu fünf Wochen erreichen.

Poularden sind junge Masthühner, die bis zu zwölf Wochen alt sind und noch vor der Geschlechtsreife geschlachtet werden. Maispoularden sind schwere Exemplare mit über 1,2 Kilogramm Gewicht. Eine Poularde kann bis zu 2,5 Kilogramm schwer werden.

Hausenten können verschiedenen Rassen zugeordnet werden; am geläufigsten in der Küche ist die Pekingente (eine Rasse der Stockenten). »Junge Enten« werden bis zum dritten Lebensmonat geschlachtet und wiegen bis zu 2 Kilogramm. Nach sechs Monaten werden Enten geschlechtsreif und wiegen bis zu 3 Kilogramm. Eine Hausente zeichnet sich durch besonders viel Fett unter der Haut aus, ihr Fleisch ist aber verhältnismäßig mager.

Flugenten sind etwas magerer und muskulöser als Hausenten. Sie werden mit etwa vier Monaten geschlachtet. Die Weibchen wiegen dann bis zu 2 Kilogramm und die Männchen bis zu 4 Kilogramm. Barbarie-Enten stellen bei Flugenten den größten Anteil des Angebots. Die Barbarie-Ente stammt von einer Wildentenrasse aus Südamerika ab und wurde bereits im 16. Jahrhundert domestiziert.

Wachteln wurden im alten Ägypten und in Vorderasien als heilige Vögel verehrt. In Europa dagegen gelten diese Vögel und insbesondere deren Eier lange schon als Delikatesse, und der Vogel war gesuchte Beute menschlicher Jäger. Heute darf die Wachtel in Deutschland nicht mehr gejagt werden, und so stammt deutsche Ware ausschließlich aus Zuchtbetrieben. Gezüchtet wird vor allem die sogenannte japanische Wachtel. Wachtelfleisch besticht durch seine ausgesprochene Zartheit und eine leichte Wildnote.

BESONDERE GATTUNGEN

Bisonfleisch gehört für mich an die Spitze der alten Fleischsorten. Das Fleisch des Wildrinds besticht durch seinen intensiven, würzigen Geschmack und seine magere Struktur. Durch seine kurzen Fleischfasern ist Bisonfleisch besonders gut verdaulich und leicht bekömmlich. Das feinste der verwertbaren Schlachtteile ist auch hier natürlich das Bisonfilet, welches bis zu 2,5 Kilogramm auf die Waage bringen kann. Das Filet sollten Sie unbedingt einmal im Ganzen braten und mit Freunden genießen. In Stücke geschnitten bietet das Filet zartestes Fleisch zum Kurzbraten, Niedrigtemperaturgaren und für die Sous-vide-Gartechnik.

Als **Frischling** bezeichnet man männliche und weibliche Wildschweine bis zu einem Alter von einem Jahr. Die Tiere wiegen dann 20 bis 30 Kilogramm. Das besonders zarte Fleisch von Frischlingen wird gerne für feine Schmorgerichte oder als Kurzgebratenes verwendet. Frischlingsfleisch sollte man direkt beim Jäger oder Züchter bestellen und fachmännisch zerlegen lassen.

Ibérico-Schweine sind die dunkelhäutigen halbwilden spanischen Brüder unserer freilaufenden Landschweine. Sie leben das ganze Jahr im Freien, vorwiegend auf den Weiden Südwestspaniens, Andalusiens und Portugals. Sie fressen sich durchs Unterholz von Kork- und Steineichenwäldern und verzehren hierbei auch gerne Thymian, Pilze und Kamille. So entwickeln sie ein stark marmoriertes Fleisch mit einzigartigem Aroma. Durch die Zufütterung von Eicheln wird das Fleisch in besonderem Maße veredelt. Eine Delikatesse ist das stark marmorierte Schulterstück des Schweins, auf Spanisch »ibérico presa«. Man kann es vielseitig garen: Es liebt den Backofen genauso wie einen heißen Grill oder das schonende Garen im Vakuumbeutel.

Das **Müritz-Lamm** stammt aus der Region um den gleichnamigen See in Mecklenburg-Vorpommern. Hier fressen die Lämmer ausschließlich das dort wachsende saftige Moorgras. Sie wachsen langsam und in artgerechter Umgebung auf und zeichnen sich durch mild-saftiges und sehr zartes Fleisch aus. Besonders aus der gehobenen Spitzengastronomie ist dieses Fleisch nicht mehr wegzudenken.

Das **Mufflon** ist eine Wildschafart, deren ursprünglicher Lebensraum gebirgige Regionen sind. Im gesamten Bundesgebiet liegt die Zahl von freilebenden Mufflons bei etwa 8.000 Tieren. Männliche Tiere werden bis zu 50 Kilogramm schwer, die weiblichen etwa 35 Kilogramm. Das stark muskulöse Fleisch des Mufflons ist ein wahrer Gaumenschmaus und dazu noch sehr bekömmlich. Mufflons werden über diverse Direktvermarkter in ganz Deutschland angeboten.

× GARMETHODEN ×

KLASSISCHES BRATEN

Braten bezeichnet das Garen bei trockener, hoher Hitze, wodurch an der Oberfläche des Bratgutes eine Verbindung aus Eiweiß, Fetten und Zuckern entsteht. Diese ist verantwortlich für die Farbe des Fleisches sowie dessen Röstaroma. Das Braten ist sicherlich die älteste Garmethode, da man diese ohne Gargeschirr, also z. B. auch über offener Flamme sowie auf erhitzten Steinen, umsetzen kann.

RÜCKWÄRTSBRATEN – RENAISSANCE EINES ALTEN VERFAHRENS

Wie der Name schon besagt, hier sind die Arbeitsschritte umgekehrt wie beim klassischen Braten. Denn Fleisch sollte im Normalfall ja nach dem Anbraten erst einmal ruhen. Beim Rückwärtsbraten ist es andersherum: Man lässt das Fleisch erst bei geringer Hitze zwischen 60 und 80 °C im Backofen ausgiebig ruhen, dann brät man es scharf an, wodurch sich die Röstaromen entwickeln. Wichtig: Die zu bearbeitenden Fleischstücke sollten mindestens 2 Stunden vor der Zubereitung aus der Kühlung genommen werden und bei Raumtemperatur vorruhen. Dann sollte man die Fleischstücke auf ein Aromenbett aus angedrehten frischen Kräutern legen, mit Alufolie abdecken und ab in den Backofen damit (keine Umluft, da diese zur Austrocknung der Fleischstücke beitragen würde). Anschließend kommen die Fleischstücke in eine heiße Pfanne und werden rundum kross gebraten.

GARZEITEN IM BACKOFEN

bei 60 °C

Entenbrust (ca. 160 g): 1 Stunde
Roastbeefscheiben (ca. 150 g): 45 Minuten
Lammrücken, ausgelöst (ca. 160 g): 1 Stunde
Kalbssteaks (ca. 160 g): 45 Minuten

DÄMPFEN / POCHIEREN

Dämpfen heißt das Garen in drucklosem Dampf bei bis zu 100 °C. Das Gargut kommt dabei nur mit dem heißen Dampf in Berührung und steht deshalb auf einem Siebeinsatz im Gargeschirr. Dämpfen ist ein sehr schonendes Garverfahren.

Pochieren bedeutet Garziehen in heißer, aber nicht kochender Flüssigkeit. Im Temperaturbereich zwischen 75 und 95 °C werden Fleischstücke im Direktkontakt mit der Garflüssigkeit oder in Folie gewickelt gegart. Ein schonendes Garverfahren, z. B. gut für leichte Fleischröllchen geeignet, die mit einer Farce gefüllt sind.

KOCHEN / GAREN

Kochen bezeichnet im Ursprung nicht nur das Garen in Flüssigkeit am Siedepunkt, also um die 100 °C, sondern auch die generelle Zubereitung von Essen innerhalb der Küche. Beim Kochen wird Fleisch so lange gegart, bis es bekömmlich und verzehrbar ist.

SOUS-VIDE-GAREN FÜR ZU HAUSE – GARTECHNIK DER STERNEKÖCHE

»Sous vide« ist französisch und heißt »unter Vakuum«. In Vakuumbeutel eingeschweißte Lebensmittel werden im Wasserbad bei Niedrigtemperatur von 60 bis 62 °C gegart; nie darüber, sonst wird das Fleisch grau. Dies realisiert man in der Gastronomie durch Einhängethermostate, die auch in der Industrie, Forschung und Wissenschaft verwendet werden, oder mit speziellen Sous-vide-Geräten.

Für den Hausgebrauch reichen ein Topf und ein Thermometer oder aber ein Einmachtopf, Glühweintopf oder Reiskocher mit Temperaturanzeige. Ein handelsüblicher Gefrierbeutel mit Zippverschluss statt eines professionellen Vakuumbeutels sollte für die ersten Garversuche ausreichen. Später kann man ja immer noch aufrüsten. Die Beutel werden mit dem Gargut und der Marinade und eventuell Gewürzen befüllt, dann wird die im Beutel befindliche Luft ausgestrichen, also nahezu ein Vakuum hergestellt, und der Beutel verschlossen, ohne dass wieder Luft eindringt.

GRUND-GARZEITEN

für vakuumierte Fleischstücke bei einer Temperatur von 60 bis 62 °C

Schweinefilet ohne Filetkopf (ca. 500 g):
ca. 16 Minuten
Rinderfilet, Mittelstück (ca. 500 g):
ca. 35 Minuten
Lammkeule ohne Knochen (ca. 300 g):
ca. 30 Minuten
Lammrücken, ausgelöst (ca. 160 g):
ca. 15 Minuten
Hähnchenbrust ohne Haut (ca. 220 g):
ca. 30 Minuten

NIEDRIGTEMPERATURMETHODE

Das Niedrigtemperaturgaren ist eine besonders einfache und schonende Art, Fleisch im Backofen zu garen. Dabei spielt die Fleischqualität eine ebenso große Rolle wie der Zeitfaktor. Nur beste Fleischqualität sollte verwendet werden, da nach dem Garvorgang die Kerntemperatur des Fleisches bei nicht mehr als etwa 68 °C liegen sollte und somit nur ein leichter Prozess der Eiweißgerinnung (die bei 60 °C beginnt) stattfindet - so bleibt das Fleisch saftig und rosa. Es sollte mindestens 2 bis 3 Stunden bei Zimmertemperatur gelegen sein, bevor es in einer heißen Pfanne angebraten wird und so die geschmacklich erwünschten Röstaromen entstehen können. Anschließend gibt man das Fleisch in den vorgeheizten Backofen bei 80 °C und überlässt es dieser wohligen Wärme. Vor dem Anschnitt sollte das Fleisch noch einmal bei Zimmertemperatur etwa 3 bis 5 Minuten ruhen, um die Fleischsäfte zu stabilisieren. Am besten gart man magere Fleischstücke bei Niedrigtemperatur, wie z. B. Rinderfilet, Schweinelende, Reh- und Hirschfleisch sowie Lammfilets.

NIEDRIGTEMPERATUR-GARZEITEN

Beispiele

Rinderfilet (ca. 1,2 kg):
ca. 2 Stunden bei 80 °C
Hirschkeule ohne Knochen (ca. 2 kg):
ca. 6 Stunden bei 80 °C
Lammkeule mit Knochen (ca. 1,5 kg):
ca. 5 Stunden bei 80 °C

SCHMOREN

Schmoren bezeichnet ein Kombigarverfahren aus Braten, Kochen und Dünsten. Dabei wird das Fleisch zunächst im Bräter angebraten und unter Zugabe von Flüssigkeit (Brühe, Fond, Wein oder Wasser) bei geschlossenem Deckel auf dem Herd oder im Backofen fertig gegart. Gerne werden auch Gemüse wie Möhren, Sellerie und Lauch zugegeben, welche dem Schmorgericht noch mehr Struktur und geschmackliche Tiefe verleihen. Daneben stellt das Gemüse eine gute Basis für die Sauce dar. Besonders gut zum Schmoren eignen sich langfaserige und bindegewebehaltige Fleischstücke, z. B. Schulterstück, Hüfte oder Wade.

RÄUCHERN AM HEIMISCHEN HERD – AROMENKÜCHE VOM FEINSTEN

Räuchern diente ursprünglich ausschließlich der Haltbarmachung; so wurden der fangfrische Fisch oder saisonale Fleischwaren zur Lagerung vorbehandelt. Generell unterscheidet man zwischen Kalt- und Heißräuchern. Beim Kalträuchern wird das Räuchergut für mehrere Stunden bei etwa 25 °C im Rauch innerhalb des Räucherofens oder der Räucherpfanne konserviert und somit aromatisiert. Beim Heißräuchern setzt man das Räuchergut Temperaturen von 60 bis 100 °C aus und gart hierbei binnen weniger Minuten. Als Holz beziehungsweise Räuchermehl verwendet man ursprünglicherweise Buche oder Obsthölzer. Jedoch kann man auch Kräuteraromen, Teeblätter oder Öle zufügen – je nach Geschmack und Räuchergut. Zum Pfannenräuchern von Fleisch benötigt man entweder eine spezielle Räucherpfanne (gibt's günstig in Fachgeschäften für Anglerbedarf und auch im Online-Versand) oder eine vorhandene Pfanne mit gut schließendem Deckel, außerdem einen Siebeinsatz, den man mit Alufolie auskleidet, sowie Räuchermehl (ebenfalls aus dem Anglergeschäft oder übers Internet) und zartes Räuchergut. Drei Beispiele für aromatisches Räuchern finden Sie im Rezeptteil: Geräucherte Kalbsschnitzel (Seite 52), Geräuchertes Schweinefilet (Seite 63) und Geräucherte Hähnchenbrust (Seite 97).

»

Hier treffen zwei Garmethoden aufeinander, die unterschiedlicher nicht sein könnten: Sous-vide als wohl schonendste und innovativste Zubereitungsmethode mit zartestfleischigen Genusserlebnissen und Räuchern, eines der ältesten Verfahren, um Fleisch zu garen und gleichzeitig haltbar zu machen – aromatischer Rauchgeschmack dringend erwünscht.

»

× KNOW-HOW AUS DER FLEISCHKÜCHE ×

PARIEREN

Parieren bezeichnet das Befreien des Fleisches von unerwünschten Sehnen, Häuten, Fett oder nicht verzehrbaren Teilen. Die entstehenden Abschnitte bezeichnet man als Parüren. Sie dienen zum Ansatz von Saucen, Suppen oder Fonds (mehr dazu auf Seite 7 unten und Seite 8).

WÜRZEN

Würzen bedeutet das Beeinflussen des Geschmacks von Speisen durch Zugabe verschiedenster Zutaten. Diese Zutaten können Salze und Gewürze (inklusive Zucker) oder auch frische Kräuter sein. Durch Würzen soll der Eigengeschmack der Speisen bewahrt und gleichzeitig unterstrichen werden.

Entscheidend ist häufig der Zeitpunkt des Würzens: Salz mit seiner wasserziehenden Wirkung sollte erst als letzte Fleischwürze zugegeben werden. Pfeffer verbrennt beim Anbraten ab 50 °C und verliert damit seine vielschichtigen Aromen. Also auch hier erst nach dem Anbraten würzen. Das Gleiche gilt für frische und getrocknete Kräuter. Und Zucker nur dann zu Gerichten geben, die noch kochen oder braten müssen, wenn Karamellisieren erwünscht ist.

BARDIEREN

Bardieren bezeichnet das Umwickeln eines Bratgutes mit frischem Speck, um dieses beim Garvorgang vor dem Austrocknen zu schützen. Am häufigsten werden kleine und magere Fleischstücke, z. B. vom Hirsch und Wildgeflügel, oder z. B. Wachteln bardiert.

FLEISCH FÜLLEN/FARCE

Zum Füllen von Fleisch bedarf es einer Farce. Die Bezeichnung stammt aus dem Französischen und bedeutet ganz einfach Füllung. Zur Herstellung einer Farce werden Fleischstücke, gekochtes Gemüse, Sahne und eventuell gecrushtes Eis (zur besseren Bindung) durch einen Fleischwolf gedreht. Nach dem Abschmecken werden die Fleischteile dann mit der Farce gefüllt, gebunden oder zugenäht und zubereitet.

Gefüllte Klassiker sind z. B. Rouladen, Rollbraten, der Kalbsnierenbraten und natürlich der Pfälzer Saumagen. Jedoch kann man auch Hähnchenbrüste, Koteletts, Filets sowie ausgelöste Keulen und Waden füllen. Es geht jedoch auch einfacher. In Italien ein absoluter Klassiker und auch bei uns oft auf den Speisekarten zu finden: Saltimbocca (auf Deutsch: »Spring in den Mund«). Dazu werden plattierte kleine Kalbsschnitzel mit Parmaschinken und einem Salbeiblatt belegt, nach Wunsch entweder zusammengelegt oder aufgerollt und abschließend kurz gebraten.

ROULADEN ROLLEN

Das Wort Roulade leitet sich vom französischen Wort »rouler« (rollen) ab. Unter einer Roulade versteht man in der Kochsprache sowohl eine gefüllte Fleisch- oder Fischscheibe als auch gefüllte Kohlblätter, welche nach dem Anbraten in einem Fond geschmort werden. Schon aus dem Jahre 1740 ist ein Kalbsrouladenrezept aus Amsterdam notiert.

Die klassische Rinderroulade besteht aus einer großen Scheibe aus der Rinderkeule (Oberschale oder Kugel) sowie einer Füllung aus Senf, Speck, Zwiebel und eingelegter saurer Gurke. Die gebundene oder gespickte Roulade ist in vielen Gegenden Deutschlands ein traditionelles Sonntagsessen und wird gerne mit Rotkohl und Klößen serviert.

TRANCHIEREN

Tranchieren nennt man das fachmännische Zerlegen von Fleischteilen zum Verzehr. Schon im alten Rom gab es den Beruf des »scissors«, des Vorschneiders, welcher ein angesehener Berufsstand war, da man mit den Fingern essend auf eine gute Vorbereitung von Fleisch angewiesen war. Um gekonnt tranchieren zu können, bedarf es eines genauen Wissens über die Struktur und den Aufbau der Schlachttiere genauso wie über die Verwendung der einzelnen Fleischteile.

PLATTIEREN

Plattieren bedeutet Flachklopfen von Fleischteilen mit einem Plattiereisen. Hierbei wird die Fleischfaser aufgebrochen und das Fleisch mürber gemacht. Zum Plattieren sollte man Frischhaltefolie oder einen Gefrierbeutel verwenden, in den das Fleischstück vor dem Klopfen eingeschlagen bzw. eingelegt wird. Am häufigsten plattiert wird bei der Zubereitung von Schnitzeln oder feinen Rouladen aus Kalb-, Rind- oder Lammfleisch; Filet, Rücken oder Hochrippe bilden hierbei die Fleischbasis.

PANIEREN

Das Wort Panieren kommt vom französischen »paner« und bedeutet so viel wie »mit geriebenem Weißbrot bestreuen«. Diese Zubereitungsart wird üblicherweise bei zarten Fleischstücken angewendet, da die Panierung das Fleisch beim Braten vor dem Austrocknen schützt. Fleisch wird erst in Mehl, dann in Ei, anschließend in geriebenem Weißbrot oder Paniermehl gewendet und schließlich in mehrere Zentimeter tiefem Fett gebraten. Danach sollten die Fleischstücke immer auf einem Küchenpapier etwas abtropfen, damit sie nicht zu fettig serviert werden.

WAS MAN IN DER FLEISCHKÜCHE BRAUCHT

HANDWERKSZEUG

Als Basisausstattung:

2 gute Pfannen

- eine beschichtete Aluminiumpfanne mit mindestens 28 Zentimeter Durchmesser
- eine Kupferpfanne mit mindestens 28 Zentimeter Durchmesser

Hierbei beachten: Pfannen werden immer von Hand gereinigt!

3 gute scharfe Messer

- ein kleines Gemüsemesser
- ein schmalklingiges Messer zum Parieren etc.
- ein großes Arbeitsmesser, das richtig was wegschafft, sprich gut durch das Fleisch geht und auch Gemüse u. Ä. zerlegt

Hierbei beachten: Auch Messer werden ausschließlich von Hand gereinigt!

2 große Schneidebretter

- eines aus Holz, auf dem angebratenes Fleisch ruhen kann (am besten aus Kopfholz, also aus quer zur Faser geschnittenem Holz, das lässt sich besser reinigen)
- eines aus schnittfestem Kunststoff, das ist am hygienischsten

Auch eine **Fleischzange** ist essenziell, denn Fleischgabeln verletzen ein Bratstück und lassen es somit ausbluten (den Fleischsaft austreten).

GENUSSUNTERSTÜTZER

Salz wirkt als Geschmacksverstärker. Deshalb findet man es in jeder Speise, sogar in Süßspeisen. Je nach Herkunft unterscheidet man zwischen Meersalz und Steinsalz. Die geschmacklichen Unterschiede liegen in der leicht unterschiedlichen Mineralienzusammensetzung. Qualitativ hochwertiges Salz ist schon zu einer Art Religion in den gehobenen Küchen dieser Welt geworden und hat auch den Weg in die Hobbykoch-Küchen gefunden. Ich schwöre beim Kochen auf

- Silver Crystal Salz (Gourmetsalz aus der Kalahari-Wüste) und
- Flor de Sal (Meersalz aus Portugal).

Auch beim **Öl** ist die Qualität äußerst wichtig. Verzichten Sie deshalb auf Billigprodukte vom Discounter. Suchen Sie sich am besten einen Ölverkäufer Ihres Vertrauens. Welches Öl Verwendung findet, hängt viel davon ab, wozu es verwendet wird. Olivenöl eignet sich sehr gut als Universalöl. Kalt gepresst enthält es das volle Aroma und den größtmöglichen Anteil an Nährstoffen. Im Gegensatz zu einigen anderen kalt gepressten Ölen ist es hoch erhitzbar. Es findet somit nicht nur Verwendung für kalte Speisen wie Salate und Rohkost, sondern auch zum Kochen, Braten und Frittieren oder zum Verfeinern von Gemüse. Je nach Herkunft ist Olivenöl geschmacklich recht unterschiedlich: von mildfruchtig bis fruchtig-herb. Deshalb ist es sinnvoll, das Öl schon beim Einkauf zu verkosten.

MEINE LIEBLINGSÖLE

- Zum Schlürfen und Dahinschmelzen: Olivenöl aus dem Argentinatal – einzigartig in der Textur
- Feine Liaison mit zartem Fleisch: Olivenöl aus dem Onegliatal – besticht durch fein abgestimmte Aromen
- Zum Anbraten und mehr: Olivenöl mit einfacher, aber komplexer Struktur
- Macht fast abhängig: handgepresstes Arganöl aus Marokko – ein altes Kult- und Ritualöl mit nachhaltigem Nutzen für die Anbauregion und deren Bewohner

KLEINE PFEFFERKUNDE

Generell sollte man erst nach dem Anbraten zum Pfeffer als Würze greifen, da Pfeffer ab 50 °C schlicht und einfach verbrennt. Zurück bleibt eine Brandschärfe, die nichts mit der dem Pfeffer eigenen aromatischen Frischeschärfe zu tun hat. Und: Pfeffer sollte immer frisch gemahlen oder gestoßen verwendet werden, da er ansonsten schon durchs Lagern die Hälfte seines lebendigen Aromas einbüßt. Schmecken Sie den Unterschied!

Jede Pfefferart hat ihren ganz eigenen Charakter: Langpfeffer oder auch Bengalischer Pfeffer kommt aus Indien. Seine Blütenstände erinnern an die Blüten (»Kätzchen«) des Haselstrauchs. Sie müssen vor der Verarbeitung getrocknet und aufgebrochen werden. Noch heute sagt man diesem Pfeffer eine aphrodisierende Wirkung nach. Der große Bruder des schwarzen Pfeffers besticht durch seine reinere Schärfe.

Kubebenpfeffer ist ein indonesisches Pfeffergewächs, welches dem Volksmund nach »den Geist und den Verstand erhellt«. Seine charakteristische holzige Note erhält dieser Pfeffer durch seinen hohen Gehalt an ätherischen Ölen. Besondere Verwendung findet Kubebenpfeffer in Gewürzmischungen, z. B. im Ras el Hanout, welches in der marokkanischen Küche häufig verwendet wird.

Szechuanpfeffer, auch Anis- und Japanpfeffer genannt, ist nicht mit dem schwarzen Pfeffer verwandt, sondern die getrocknete Fruchtkapsel eines Rautengewächses. Er besitzt eine pfeffrige Schärfe mit leichten Zitronenaromen. Zur Gänze entfaltet er seine Würzkraft, wenn er vor dem Mahlen oder Mörsern in einer beschichteten Pfanne kurz trocken angeröstet wird.

Malabar-Pfeffer gilt als der Urvater aller Pfefferarten. Er stammt von der gleichnamigen Westküste Indiens, der Malarbarküste, und besticht durch seine fruchtigen Aromen und eine nur leichte Schärfe. Der ausschließlich von Hand geerntete Pfeffer ist für mich die erste Wahl in meiner Pfeffermühle, seine Schärfe gibt jedem Gericht den letzten Schliff.

REZEPTE MIT

RIND & KALB

SAUERBRATEN — VOM — RIBEYE

ZUTATEN FÜR 4 PERSONEN:

- 2,5 kg American Ribeye
- Olivenöl
- 1 Bund Zitronenthymian
- 1 Gemüsezwiebel
- 2 Möhren
- 3 Stangen Staudensellerie
- 250 ml Aceto balsamico
- 1 Flasche trockener Rotwein (750 ml)
- je 50 g getrocknete Weinbeeren, Heidelbeeren, Cranberrys, Goji-Beeren
- 1 EL Ahornsirup
- 4 Wacholderbeeren
- 1 EL gemischte Pfefferkörner
- 2 Lorbeerblätter
- 3 Sternanis
- Außerdem: Küchentuch, Tee-Ei

I

Das Ribeye mit kaltem Wasser kurz abspülen, trockentupfen und in einem Bräter in etwas Olivenöl rundherum scharf anbraten. Das Ribeye mit Thymian belegen und mit einem Küchentuch bedeckt etwa 30 Minuten auf einem Holzbrett ruhen lassen.

II

In der Zwischenzeit die Zwiebel abziehen und grob würfeln. Die Möhren putzen, waschen und ebenfalls grob würfeln. Den Staudensellerie waschen, putzen und in Scheiben schneiden. Zwiebeln und Möhren im Bräter in etwas Öl anrösten. Den Staudensellerie zugeben und andünsten.

III

Backofen auf 145 °C (Umluft 130 °) vorheizen. Das geschmorte Gemüse mit Aceto balsamico und Rotwein auffüllen, den Bräter vom Herd nehmen und das Ribeye hineinlegen. Beeren und den Ahornsirup zugeben.

IIII

Ein Tee-Ei mit Wacholderbeeren, Pfefferkörnern, Lorbeerblättern und Sternanis füllen und mit dem Thymian (mit dem das Fleisch beim Ruhen bedeckt war) dazugeben. Bei geschlossenem Deckel im Backofen etwa 4 Stunden langsam schmoren lassen.
(Rezeptfoto auf Seite 24)

TIPP

Den Sauerbraten am Teller noch einmal mit etwas bestem Olivenöl übergießen und mit Salz und Brot genießen.

Zubereitungszeit: 4 Stunden 30 Minuten

– RINDERZUNGE IN –
MADEIRA

ZUTATEN FÜR 4 PERSONEN:

- 1 Rinderzunge (1,2–1,5 kg)
- 2 rote Zwiebeln
- 6 getrocknete Pflaumen
- Olivenöl
- 1 EL gezupfter Thymian
- 2 EL Tomatenmark
- 250 ml Madeira
- 3 EL Crème fraîche
- Salz
- Pfeffer aus der Mühle

I

Die Rinderzunge kurz abspülen, trockentupfen und in etwa 3 Liter Wasser bei mittlerer Hitze in etwa 2 Stunden 30 Minuten weich kochen. Anschließend die Zunge herausnehmen und enthäuten.

II

Die Zwiebeln abziehen und fein würfeln. Die getrockneten Pflaumen in Würfel schneiden und mit den Zwiebelwürfeln in etwas Olivenöl anbraten. Mit dem Thymian würzen.

III

Das Tomatenmark zugeben, mitrösten und das Ganze mit Madeira ablöschen. Etwa 5 Minuten einkochen lassen.

IIII

Crème fraîche unterrühren. Alles mit Salz und Pfeffer abschmecken. Zunge in Scheiben schneiden, zugeben und 10 Minuten mitköcheln lassen.

Zubereitungszeit: 3 Stunden

TIPP

Die vorgegarte Zunge lässt sich abgekocht bis zu 1 Woche im Kühlschrank aufbewahren.

ZUTATEN FÜR 4 PERSONEN:

- 100 g grüne Oliven
- 100 g schwarze Oliven ohne Stein
- 25 g getrocknete Tomaten
- 4 Thymianzweige
- 2 feine Kalbsbratwürste (ungebrüht)
- 2 EL Sahne
- etwas Madeira
- 8 dünne Rinderrouladen à 100 g (aus der Keule)
- 2 EL Honigsenf
- Salz
- Pfeffer aus der Mühle
- Außerdem: Alufolie

TIPP

Ein grober Tomatensalat (Rezept siehe Seite 112) ist hierzu ein idealer, schnell zubereiteter Begleiter.

— POCHIERTE — OLIVEN-ROULADEN

I

Die Oliven halbieren, entsteinen und fein hacken. Die getrockneten Tomaten fein hacken. Die Thymianzweige waschen, trockenschütteln und die Blättchen abzupfen.

II

Das Kalbsbrät aus den Därmen drücken und zusammen mit Tomaten, Thymian, der Sahne und dem Madeira in einer Schüssel glatt rühren.

III

Aus Alufolie 8 Rechtecke schneiden, die etwas größer als die Rouladenscheiben sind, und mit den gehackten Oliven bestreuen. Mit je 1 Rouladenscheibe belegen, mit Senf und anschließend mit je einem Löffel der Kalbsbrätmasse bestreichen.

IIII

Nun die Rouladen fest zusammendrehen, mit der Alufolie fest umschließen (an den Seiten verschließen wie ein Bonbon) und in einem Bräter im Wasserbad bei 80 °C etwa 30 Minuten pochieren. Die Rouladen vor dem Servieren leicht salzen und pfeffern.

Zubereitungszeit: 45 Minuten

STAINLESS
STEEL

POCHIERTES — RINDERFILET IM — KRÄUTERWICKEL

ZUTATEN FÜR 4 PERSONEN:

- 800 g pariertes Rinderfilet
- 1 Bund gezupfte Blattpetersilie
- 1 Bund gezupfter Kerbel
- 4 Möhren
- ¼ Sellerieknolle
- 2 Zwiebeln
- 1 Lauchstange
- Olivenöl
- Ahornsirup
- Salz
- 500 ml Kalbsfond
- 4 Wacholderbeeren
- 2 Lorbeerblätter
- Außerdem: Küchentuch oder Mulltuch, Küchengarn, langer Holzlöffel

I

Das Rinderfilet kalt abspülen, trockentupfen und in ein mit Blattpetersilie und Kerbel ausgelegtes Küchentuch oder Mulltuch einrollen, mit Küchengarn umwickeln und an einen Holzlöffel hängen.

II

Für den Brühenansatz Möhren, Sellerie, Zwiebeln und Lauchstange schälen bzw. abziehen, bei Bedarf waschen, putzen und alles in grobe Würfel schneiden. Das Gemüse in etwas Olivenöl in einem breiten Topf glasieren (bei mittlerer Hitze kurz im heißen Fett wenden, ohne dass es bräunt).

III

Das Gemüse mit Ahornsirup und etwas Salz würzen. Mit dem Kalbsfond und 1 Liter Wasser auffüllen, Wacholderbeeren und Lorbeerblätter zugeben, das Ganze aufkochen und etwa 30 Minuten kochen lassen.

IIII

Dann die Temperatur reduzieren und nach 10 Minuten das Filet (bei etwa 80 °C) im Gemüsefond für 25 Minuten pochieren: Dazu den Holzlöffel so auf den Topfrand legen, dass das Rinderfilet vollständig in die Brühe hängt. Das Fleisch in dünne Scheiben geschnitten servieren.

Zubereitungszeit: 1 Stunde 30 Minuten

TIPP

Mit ¼ Liter des abgeschöpften Fonds etwa 6 Esslöffel Hartweizengrieß mit etwas Olivenöl heiß anschlagen – ergibt eine schlichte, aber schmackhafte Sauce für Filet und Gemüse.

ZUTATEN FÜR 4 PERSONEN:

2 American T-Bone-Steaks (mit Filet, je ca. 800 g)
·
Olivenöl
·
1 Bund Thymian
·
4 Knoblauchzehen
·
50 g fein gesalzene Butter
·
4 Zitronen
·
Salz
·
geschroteter Pfeffer
·
Außerdem:
Küchentuch oder Mulltuch
·

TIPP

Kräuter, auf denen Fleisch ruhen oder auch garen soll, stets andrehen, das setzt die ätherischen Öle frei. Ein guter Rotwein und Brot sind die idealen Begleiter für dieses Gericht.

T-BONE-STEAK TRADITIONELL

I

Die Steaks kalt abspülen, trockentupfen und in einer heißen Grillpfanne mit Olivenöl sehr scharf anbraten, dabei nach 3 Minuten wenden. Den Backofen auf 50 °C vorheizen.

II

Die Steaks in ein mit dem angedrehten Bund Thymian ausgelegtes Küchentuch oder Mulltuch geben (siehe Tipp). Das Fleisch komplett mit Kräutern, dann mit dem Tuch ummanteln. Das Ganze für 7 Minuten in den heißen Backofen geben.

III

Den Knoblauch abziehen und würfeln. Die Butter in einer Pfanne zerlassen und den Knoblauch darin auf kleinster Stufe ziehen lassen. Zitronen heiß waschen, trocknen und in Scheiben schneiden.

IIII

Die T-Bone-Steaks vom Knochen lösen und in fingerdicke Scheiben schneiden. Auf vier Tellern mit der Knoblauchbutter und reichlich Zitrone servieren. Salz und Pfefferschrot je nach Gusto daraufgeben.

Zubereitungszeit: 25 Minuten

BOEUF

— STROGANOFF —

I

Das Rinderfilet kalt abspülen, trockentupfen und in feine Streifen schneiden. Zwiebeln abziehen und würfeln. Champignons blättrig und Gurken in feine Würfel schneiden.

II

Die Filetstreifen portionsweise in heißer Butter anbraten, mit Salz und Pfeffer würzen, anschließend herausnehmen.

III

Zwiebeln und Pilze im Bratfett leicht anbraten. Mehl darüber stäuben und kurz anschwitzen. Mit der Brühe ablöschen und aufkochen lassen.

IIII

Crème fraîche und Honigsenf einrühren. Fleisch und Gurkenwürfel zufügen und mit Salz, Pfeffer und 1 Prise Zucker abschmecken. Die Petersilie waschen und trockenschütteln. Die Blättchen abzupfen, hacken und das Gericht damit garnieren.

Zubereitungszeit: 25 Minuten

ZUTATEN FÜR 4 PERSONEN:

- 600 g Rinderfilet
- 2 weiße Zwiebeln
- 200 g braune Champignons
- 4 Gewürzgurken
- 20 g Butter
- Salz
- Pfeffer
- 2 EL Mehl
- 250 ml Kalbsbrühe
- 250 g Crème fraîche
- 1 TL Honigsenf
- Zucker
- Blattpetersilie

TIPP

Mit etwas gewürfelter, gekochter Roter Bete wird das Boeuf zum Augenschmaus. Die feinen Würfel der Roten Bete einfach auf den fertigen Teller geben und mit einem Klecks Crème fraîche optisch abrunden.

WHISKY-RINDERFILET

I

Das Filet mit kaltem Wasser abspülen, trockentupfen und in der Pfanne mit etwas Butter rundum anbraten. Anschließend auf ein Holzbrett legen und etwa 5 Minuten ruhen lassen.

II

In einen Schweiß- oder Zipperbeutel die gesalzene Butter, die Thymianzweige sowie den Maltwhisky geben.

III

Buchenholzspäne und Langpfefferschrot mischen, das Filet damit einreiben, in den Beutel geben und anschließend den Beutel vakuumieren. Falls ein Zipperbeutel verwendet wird, die Luft herausstreichen, solange Blasen aus der Flüssigkeit aufsteigen, dann den Beutel verschließen und nochmals um das Filet rollen. Das Ganze mit einem Gummiband fixieren.

IIII

Den Beutel für 35 Minuten in einen Topf mit 60 bis 62 °C heißem Wasser geben. Nach dem Garen das Filet von den Spänen befreien, aufschneiden, mit etwas Salz würzen und servieren.

Zubereitungszeit: 45 Minuten

ZUTATEN FÜR 4 PERSONEN:

- 500 g Wagyu-Filet
- Butter zum Braten
- 20 g fein gesalzene Butter
- 3 Thymianzweige
- 80 ml Maltwhisky
- 20 g Buchenholzspäne (aus dem Baumarkt oder Fachgeschäft für Anglerbedarf)
- 1 TL geschroteter Langpfeffer
- Salz
- Außerdem: Vakuumierer und Vakuumbeutel oder Zipperbeutel und Gummiband

TIPP

Immer dasjenige alkoholische Getränk zum Essen reichen, das auch verkocht wurde – in diesem Fall also aromenreichen Maltwhisky.

x MARINIERTES x RINDERFILET

ZUTATEN FÜR 4 PERSONEN:

- 600 g pariertes Rinderfilet
- 2 Frühlingszwiebeln
- 1 Knoblauchzehe
- 3 EL Olivenöl
- 1 Bund Kerbel
- Salz
- gemörserter Langpfeffer

I

Das Rinderfilet kalt abspülen, trockentupfen und in 2 bis 3 Millimeter dicke Scheiben schneiden. Auf einem Holzschneidebrett mit dem Messerrücken ausstreichen. Hierzu den Messerrücken auf die Fleischscheiben auflegen und diese unter leichtem Druck flach streichen.

II

Die Frühlingszwiebeln waschen und in feinste Ringe schneiden. Knoblauch abziehen, fein würfeln und zusammen mit den Zwiebelringen mit etwas Olivenöl verrühren. Mit dieser Marinade vier große Teller mittig beträufeln und die Filetscheiben darauf auslegen.

III

Kerbel waschen, trockenschütteln und Blätter abzupfen. Kerbelblätter über dem Filet verteilen und dieses mit Salz, Pfeffer und einigen Tropfen Olivenöl geschmacklich abrunden.

Zubereitungszeit: 10 Minuten

TIPP

Mit etwas kurz gebratenem Rucola und auf geröstetem Brot zum Sandwich drapiert passt dieses Rinderfilet perfekt zu einem Cocktail, beispielsweise einem Sundowner.

FILET 4 FRIENDS

ZUTATEN FÜR 4 PERSONEN:

1 Rinderfilet 3/4 LBS bzw. ca. 1,5 kg
1 Bund Thymian
1 Bund Rosmarin
1 Bund Salbei
2 Knoblauchknollen
Olivenöl
1 TL Ahornsirup
3 EL Espressopfeffer
Salz

I

Das Rinderfilet kalt abspülen, trockentupfen, von allen Sehnen und Fett befreien (parieren). Die Parüren (Abschnitte) nach Belieben für einen Saucenansatz aufbewahren (siehe Seite 8). Den Backofen auf 185 °C Ober-/Unterhitze vorheizen.

II

Ein Backblech mit den angedrehten Kräutern sowie den angedrückten Knoblauchknollen auslegen (siehe auch der Tipp auf Seite 32). Das Rinderfilet in einer trockenen Pfanne rundum anbraten. Anschließend auf das Kräuterbett legen und ruhen lassen (siehe Tipp unten).

III

Inzwischen Olivenöl, Ahornsirup und Espressopfeffer in der Pfanne anbraten, um das Filet anschließend damit zu übergießen. Das Fleisch für 20 Minuten in den heißen Backofen geben.

IIII

Das Fleisch nach dem Garen 5 Minuten ruhen lassen, damit sich die Fleischsäfte sammeln können, dann leicht salzen und aufschneiden.

Zubereitungszeit: 45 Minuten

TIPP

»LBS« ist das Einheitenzeichen für amerikanische Pfund (pounds). 1 amerikanisches Pfund entspricht etwa 450 Gramm. Häufig werden Rinderfilets (süd)amerikanischer Herkunft in »lbs« angeboten. Die Gewichts- bzw. Größenangabe »3/4 lbs« bedeutet »3 bis 4 amerikanische Pfund«, also etwa 1,5 Kilogramm.
Bei Espressopfeffer handelt es sich um eine spezielle Pfeffermischung. Alternativ können je 1 Teelöffel Espressobohnen und Pfefferkörner gemörsert werden.

HOCHRIPPENSCHEIBEN MIT ANANAS-ZWIEBELN

I

Die Fleischscheiben kalt abspülen, trockentupfen und beidseitig im heißen Butterschmalz in der Pfanne braten. Anschließend auf einem Holzbrett etwa 2 Minuten ruhen lassen.

II

Inzwischen den Backofen auf 50 °C Ober-/Unterhitze vorheizen. Die Scheiben auf einem Backblech mit einem Handtuch abdecken und im heißen Backofen etwa 10 Minuten garen.

III

In der Zwischenzeit die Zwiebeln abziehen, die Ananas schälen und beides in feine Würfel schneiden. Chilischote aufschlitzen, unter fließendem Wasser entkernen und fein würfeln. Alles in etwas Olivenöl anschwitzen.

IIII

Den Knoblauch abziehen, fein würfeln und nach etwa 3 Minuten zur Zwiebelmischung geben. Konfitüre und grünen Pfeffer zugeben und das Ganze etwa 5 Minuten bei hoher Hitze reduzieren.

~~IIII~~

Das Fleisch mit den Ananas-Zwiebeln anrichten, leicht salzen und mit etwas Olivenöl beträufelt servieren.

Zubereitungszeit: 30 Minuten

ZUTATEN FÜR 4 PERSONEN:

- 4 Hochrippenscheiben (gut durchwachsen) à ca.180 g
- 2 EL Butterschmalz
- 6 rote Zwiebeln
- ½ Ananas
- 1 Chilischote
- Olivenöl
- 2 Knoblauchzehen
- 1 EL schwarze Johannisbeerkonfitüre
- 1 TL grüner Pfeffer aus der Lake
- Salz

TIPP

Ein eiskaltes Bier rundet dieses Männeressen perfekt ab!

RELAXTES ROASTBEEF

ZUTATEN FÜR 4 PERSONEN:

- 1 kg Roastbeef
- Olivenöl
- 4 Birnen
- 4 Knoblauchzehen
- 1 EL Ahornsirup
- 100 g gehackte Walnüsse
- 100 g gehackte Mandeln
- 1 EL grüner Pfeffer aus der Lake
- Salz
- 2 EL Arganöl
- Außerdem: Mulltuch

I

Das Roastbeef kalt abspülen, trockentupfen und vom groben Fett befreien. In der heißen Pfanne in etwas Olivenöl rundum scharf anbraten und sofort auf ein Holzbrett zum Ruhen legen.

II

In der Zwischenzeit die Birnen schälen, vom Kerngehäuse befreien und fein würfeln. Anschließend die Würfel in derselben Pfanne rösten. Den Knoblauch abziehen, ebenfalls fein würfeln, zugeben und das Ganze mit dem Ahornsirup karamellisieren lassen.

III

Die gehackten Nüsse und Mandeln sowie den grünen Pfeffer zugeben und die Masse mit etwas Salz abschmecken. Den Backofen auf 90 °C Ober-/Unterhitze vorheizen. Das Roastbeef rundum mit der Nussmasse belegen und fest in das Küchen- oder Mulltuch einrollen.

IIII

Das eingewickelte Fleisch auf ein Backblech setzen, mit dem Arganöl beträufeln und im heißen Backofen 2 Stunden 30 Minuten garen.

Zubereitungszeit: 3 Stunden

TIPP

Die Wickelmasse eignet sich mit etwas Arganöl auch gut als Beilage.

ROASTBEEF — MIT — THYMIANSALZ

ZUTATEN FÜR 4 PERSONEN:

- 1,5 kg Roastbeef mit Fettrand
- Olivenöl
- 1 EL Thymianhonig
- 3 Knoblauchzehen
- 2 Bund Thymian
- 1 kg Salz
- 4 Eiweiß

I

Das Roastbeef mit kaltem Wasser abspülen, trockentupfen und von den groben Sehnen befreien (parieren). Anschließend in etwas Olivenöl rundum scharf anbraten, danach auf ein Holzbrett geben. Das Fleisch ruhen lassen, bis es abgekühlt ist.

II

Nach dem Abkühlen mit Thymianhonig bestreichen. Knoblauch abziehen, fein würfeln und darüber verteilen.

III

Den Backofen auf 200 °C (Umluft 180 °C) vorheizen. Thymian waschen, trockenschwenken und Blättchen abzupfen. Mit dem Salz und dem Eiweiß zu einer Masse vermengen. Das Roastbeef auf ein Backblech legen und mit der Salzmischung ummanteln.

IIII

Das Roastbeef im Salzmantel im heißen Backofen etwa 1 Stunde garen. Den Salzmantel erst am Tisch ablösen.

Zubereitungszeit: 1 Stunde 30 Minuten

TIPP

Abgekühlt und fein aufgeschnitten schmeckt das Roastbeef auch als feiner Wurstersatz zum Brunch.

–OCHSENWADE– IN SAUERKIRSCH-SCHALOTTEN-SUD

I

Die Ochsenwaden kalt abspülen, trockentupfen und leicht mit Mehl bestäuben. Anschließend im Bräter in heißem Olivenöl rundum anbraten. Das Fleisch zum Ruhen auf ein Holzbrett legen.

II

In der Zwischenzeit den Backofen auf 160 °C Umluft vorheizen. Die Schalotten abziehen, halbieren und in demselben Bräter in etwas Olivenöl schmoren. Die Zitronen heiß waschen, abtrocknen und die Schale fein abreiben. Etwas Salz sowie die roten Beeren zugeben und mit dem Zitronenabrieb geschmacklich abrunden.

III

Die Schattenmorellen abtropfen lassen, den Saft dabei auffangen und mit dem Rotwein zu den Zwiebeln geben. Alles aufkochen und etwa 5 Minuten reduzieren lassen, dann die Ochsenwaden einsetzen.

IIII

Das Fleisch mit aufgelegtem Deckel im heißen Backofen etwa 3 Stunden unter häufigem Wenden sanft schmoren lassen.

V

Nach 3 Stunden die Schattenmorellen zugeben und das Ganze ohne Deckel bei 200 °C noch etwa 10 Minuten weiterschmoren.

Zubereitungszeit: 3 Stunden 30 Minuten

ZUTATEN FÜR 4 PERSONEN:

- 4 ausgelöste Ochsenwaden à 200–250 g
- Mehl zum Bestäuben
- Olivenöl
- 20 große Schalotten
- 2 Bio-Zitronen
- Salz
- 1 TL rote Beeren (roter Pfeffer)
- 1 Glas Schattenmorellen (370 g Abtropfgewicht)
- 1 Flasche Rotwein (750 ml)

TIPP

Zum Servieren mit frisch gezupftem Zitronenthymian garnieren.

RÜCKWÄRTS GEGARTES AMERICAN RIBEYE

I

Den Backofen auf 60 °C vorheizen. Die Ribeye-Tranchen kalt abspülen, trockentupfen und auf ein mit den angedrehten Kräutern ausgelegtes Backblech geben (siehe auch der Tipp auf Seite 32). Im heißen Backofen 1 Stunde 30 Minuten sanft garen.

II

In der Zwischenzeit Knoblauch und Zwiebel abziehen und würfeln, beides in etwas Olivenöl sanft anbraten. Den Apfel waschen, halbieren, vom Kerngehäuse befreien, klein schneiden und zugeben. Kurz mitbraten und nach 2 Minuten mit dem Portwein ablöschen. Den Honigsenf zugeben und nach weiteren 2 Minuten die Pfanne vom Herd nehmen.

III

Die Ribeye-Tranchen aus dem Backofen nehmen, dann mit etwas Olivenöl scharf 2 Minuten auf jeder Seite anbraten.

IIII

Mit dem Pfefferschrot und Salz bestreuen sowie mit etwas Olivenöl beträufeln. Mit dem Aromensenf servieren.

Zubereitungszeit: 1 Stunde 45 Minuten

ZUTATEN FÜR 4 PERSONEN:

- 4 American Ribeye-Tranchen à 250g
- 1 Bund Thymian
- 1 Bund Rosmarin
- 1 Bund Majoran
- 3 Knoblauchzehen
- 1 weiße Zwiebel
- Olivenöl
- 1 säuerlicher Apfel
- 40 ml Portwein
- 4 EL Honigsenf
- geschroteter Pfeffer
- Salz

TIPP

Der Aromensenf passt auch hervorragend zu anderem Grillgut.

— RIBEYE —

AROMATISCH GEPFEFFERT

ZUTATEN FÜR 4 PERSONEN:

- 2 kg Ribeye (Bratenstück aus der Hochrippe)
- 1 EL Butterschmalz
- 2 Knoblauchzehen
- 2 EL bunte Pfeffermischung
- 1 TL rote Beeren (roter Pfeffer)
- 8 EL Olivenöl
- Salz

I

Das Fleisch mit kaltem Wasser abspülen, trockentupfen und in einer Pfanne in etwas Butterschmalz rundum anbraten. Anschließend auf ein Holzbrett zum Ruhen legen.

II

In der Zwischenzeit die Knoblauchzehen abziehen und zusammen mit der Pfeffermischung, den roten Beeren sowie Olivenöl mit dem Pürierstab pürieren.

III

Backofen auf 80 °C Unter-/Oberhitze vorheizen. Die Ölmischung rundum in das Fleisch einmassieren und den Braten auf einem Gitter mit Fettschale im Ofen auf der mittleren Schiene etwa 5 Stunden sanft garen.

IIII

Nach dem Garen das Fleisch herausnehmen, in Scheiben schneiden, salzen und servieren.

Zubereitungszeit: 5 Stunden 30 Minuten

TIPP

Das Ribeye verträgt einen kräftigen Rotwein und ein Sauerteigbrot als Begleiter. Mit etwas gutem Olivenöl beträufeln – ein wahrer Traum.

TATAR — VOM — KALBSFILET

I

Das Kalbsfilet kalt abspülen, trockentupfen und in feine Würfel schneiden. Mittig auf vier gekühlte Teller verteilen.

II

Mit einem Löffel je eine Mulde ins Tatar drücken, mit einem Teelöffel Crème fraîche einfüllen und die Eigelbe vorsichtig einlaufen lassen.

III

Die Zitrusfrüchte halbieren, auspressen und den Saft mit Olivenöl, Pistazien und den roten Beeren fein pürieren. Die Mischung als Aromenpesto jeweils an die Tatarportionen geben. Mit Salz abrunden und servieren.

Zubereitungszeit: 15 Minuten

ZUTATEN FÜR 4 PERSONEN:

- 800 g pariertes Kalbsfilet
- 4 TL Crème fraîche
- 4 sehr frische Eigelbe
- 1 Zitrone
- 1 Limette
- 4 EL Olivenöl
- 1 EL gesalzene Pistazienkerne
- 1 TL rote Beeren (roter Pfeffer)
- Salz

TIPP

Je nach Gusto das Tatar mit etwas Kerbel oder Blattpetersilie oder auch mit einem gebratenen oder pochierten Ei garnieren.
Eine Pfanne heißer Bratkartoffeln (Rezept siehe Seite 114) hierzu lässt nicht nur Männerherzen höher schlagen.

CHAMPIGNON-GESCHNETZELTES

ZUTATEN FÜR 4 PERSONEN:

- 800 g Kalbfleisch (aus der Keule)
- Speisestärke
- 400 g braune Champignons
- 2 weiße Zwiebeln
- Butterschmalz
- 250 ml Kalbsfond
- 250 g Sahne
- Salz
- weißer Pfeffer

I

Das Kalbfleisch kalt abspülen, trockentupfen und in fingerdicke Streifen schneiden. Dann in einer Schüssel in etwas Speisestärke wenden.

II

Die Champignons mit einer weichen Bürste und einem feuchten Tuch reinigen und anschließend vierteln. Die Zwiebeln abziehen, fein würfeln und mit den Champignons vermengen.

III

In einer Pfanne im heißen Butterschmalz das Geschnetzelte anbraten und anschließend auf einem Teller zur Seite stellen. In derselben Pfanne nun die Champignonmischung anbraten und mit Kalbsfond und Sahne auffüllen.

IIII

Das Ganze aufkochen, dann sofort das Fleisch zugeben und alles unter Wenden etwa 3 Minuten garen. Mit Salz und Pfeffer abschmecken.

Zubereitungszeit: 25 Minuten

TIPP

Fein gezupfter Kerbel unterstreicht das zarte Aroma.

x TAFELSPITZ x

TRADITIONELL

I

In einem großen Topf 3 Liter Wasser mit etwas Salz zum Kochen bringen. Den Tafelspitz kalt abspülen, trockentupfen und mit den Pfefferkörnern zugeben. Die Hitze halbieren.

II

Das Fleisch im Topf ohne Deckel bei schwacher Hitze etwa 3 Stunden köcheln lassen und wiederholt abschäumen (obenauf schwimmende Trübstoffe mit einem Löffel entfernen).

III

Zwiebeln, Sellerie, Möhren und Lauch abziehen bzw. schälen, bei Bedarf waschen, putzen und alles in grobe Stifte schneiden. Die Blattpetersilie waschen und trockenschütteln. Ein paar Stängel beiseitelegen. Die Kartoffeln schälen, halbieren und mit dem Gemüse und der Petersilie in die Brühe geben. Nochmals alles 30 Minuten köcheln lassen.

IIII

Inzwischen den Meerrettich schälen und fein reiben. Von der beiseitegelegten Petersilie die Blättchen abzupfen und grob schneiden. Anschließend das Fleisch herausnehmen, in Scheiben schneiden und mit Meerrettich und Petersilie bestreuen. Im Teller mit Brühe sowie mit Gemüse bedeckt servieren.

Zubereitungszeit: 4 Stunden

ZUTATEN FÜR 4 PERSONEN:

- Salz
- 1 kg Tafelspitz (aus der Rinder-Unterschale/Keule)
- 1 EL schwarze Pfefferkörner
- 4 Gemüsezwiebeln
- ½ Sellerieknolle
- 4 Möhren
- 1 Lauchstange
- 1 Bund Blattpetersilie
- 1 kg kleine Kartoffeln
- 1 kleines Stück Meerrettichwurzel

TIPP

Der kalte Tafelspitz schmeckt auch als Brotbelag.

KALBSSCHNITZEL IM KRAEUTERMANTEL

I

Die Kalbsschnitzel kalt abspülen, trockentupfen und unter Klarsichtfolie leicht plattieren (siehe Seite 21). An den Rändern leicht einschneiden, damit sich die Schnitzel beim Ausbacken nicht zusammenrollen.

II

Die Kräuter waschen und trockenschütteln, die Blättchen abzupfen und fein hacken. Die Eier trennen. Das Eigelb mit Mehl, Noilly Prat und den gehackten Kräutern zu einem glatten Teig verrühren. Das Eiweiß mit etwas Salz steif schlagen und vorsichtig unterheben.

III

Das Butterschmalz in einer Pfanne erhitzen. Die Schnitzel in etwas Mehl wenden, durch den Teig ziehen und im Butterschmalz beidseitig knusprig goldbraun ausbacken. Auf Küchenpapier abtropfen lassen und mit Limetten- und Zitronenspalten servieren.

Zubereitungszeit: 20 Minuten

ZUTATEN FÜR 4 PERSONEN:

- 4 Kalbsschnitzel à 180 g (aus der Keule geschnitten)
- 1 Bund Blattpetersilie
- 1 Bund Kerbel
- 3 Eier
- 75 g Mehl plus etwas Mehl zum Wenden
- 50 ml Noilly Prat
- Salz
- 4 EL Butterschmalz
- Limetten- und Zitronenspalten zum Servieren
- Außerdem: Klarsichtfolie

TIPP

Eiskalter Grauburgunder ist eine feine Alternative zum Bier als Getränkebegleiter.

GERÄUCHERTE
-KALBSSCHNITZEL-

I

Die Schnitzel kalt abspülen, trockentupfen und unter Klarsichtfolie leicht plattieren (siehe Seite 21).

II

Die Zitrone halbieren, auspressen und den Saft mit Olivenöl und Kapern fein pürieren. Die Schnitzel damit einpinseln.

III

Die Räucherpfanne mit dem Räuchermehl füllen, den Siebeinsatz einlegen und die Schnitzel darauflegen (siehe auch Seite 18). Bei fest verschlossenem Deckel auf höchster Stufe etwa 5 Minuten auf dem Herd lassen, bis sich Rauch bildet.

IIII

Die Pfanne vom Herd nehmen und weitere 5 Minuten am offenen Fenster oder auf dem Balkon stehen lassen, dann öffnen. Die Schnitzel vor dem Servieren etwas salzen.

Zubereitungszeit: 20 Minuten

ZUTATEN FÜR 4 PERSONEN:

4 kleine Kalbsschnitzel aus der Oberschale à 80 g

1 Zitrone

1 EL Olivenöl

1 TL Kapern

Salz

Außerdem:
Klarsichtfolie, Räucherpfanne und 3 EL Räuchermehl (siehe Seite 18)

TIPP

Die Räucherpfanne kann auch gut auf dem Grill verwendet werden und bietet so eine schnelle Abwechslung zum alltäglichen Grillerlebnis. Eiskalter Weißwein passt gut zum Rauchgeschmack des Fleisches.

KALBSBRUST
— UNTER DER —
ZITRONENHAUBE

I

Die Kalbsbrust kalt abspülen, trockentupfen und von den dicken Sehnen befreien (parieren). Anschließend im Bräter in etwas Butterschmalz rundum anbraten, dann zum Ruhen auf ein Holzbrett legen.

II

Inzwischen das Sauerteigbrot grob zerkleinern. Den Knoblauch abziehen. Die Zitronen heiß waschen, abtrocknen und die Schale abreiben. Diese mit Brot, Knoblauch und Butter im Blitzhacker zu einer Masse verarbeiten. Die Thymianblättchen abzupfen und gut untermengen.

III

Die Zitronenmasse auf der Kalbsbrust als Haube verteilen, salzen und pfeffern. Gemüsezwiebeln abziehen, grob stifteln und in einem Bräter verteilen. Die Kalbsbrust daraufsetzen. Das Bier angießen und das Ganze im Backofen bei 160 °C Umluft etwa 1 Stunde 15 Minuten garen lassen.

Zubereitungszeit: 1 Stunde 30 Minuten

ZUTATEN FÜR 4 PERSONEN:

- 2 kg Kalbsbrust mit Knochen
- Butterschmalz
- 100 g Sauerteigbrot (evtl. vom Vortag)
- 4 Knoblauchzehen
- 4 Bio-Zitronen
- 100 g fein gesalzene Butter
- 8 Thymianzweige
- Salz
- Pfeffer aus der Mühle
- 8 Gemüsezwiebeln
- 330 ml Pils

TIPP

Ein gutes Pils ist nicht nur zum Kochen geeignet – servieren Sie es auch als Begleiter zu diesem Gericht.

KNOBLAUCH-KALBSHAXE

I

Den Backofen auf 185 °C Ober-/Unterhitze vorheizen. Die Haxe kalt abspülen, trockentupfen und im heißen Bräter mit Butter und Olivenöl rundum kross anbraten. Mit dem Wacholderschnaps übergießen und im heißen Backofen etwa 1 Stunde ohne Deckel schmoren.

II

Zwiebeln und Knoblauch abziehen und fein würfeln. Die Kräuter waschen und trockentupfen. Blättchen und Nadeln abzupfen und mit den Zwiebel- und Knoblauchwürfeln in einer Schüssel mit dem Salz vermischen.

III

Den Bräter aus dem Ofen nehmen und die Haxe auf einem Küchenbrett mit der Salz-Knoblauch-Mischung ummanteln.

IIII

Sellerie waschen, in Scheiben schneiden und in den Bräter geben. Die ummantelte Haxe daraufsetzen. Nun den Weißwein angießen und das Ganze nochmals 1 Stunde im Ofen ohne Deckel garen. Mit etwas Malabar-Pfeffer gewürzt servieren.

Zubereitungszeit: 2 Stunden

ZUTATEN FÜR 4 PERSONEN:

- 1 Kalbshaxe (ca. 2,5 kg)
- 4 EL fein gesalzene Butter
- 2 EL Olivenöl
- 40 ml Wacholderschnaps (Gin)
- 4 weiße Zwiebeln
- 4 Knoblauchknollen
- 4 Thymianzweige
- 4 Rosmarinzweige
- 1 EL Salz
- 4 Stangen Staudensellerie
- 400 ml Weißwein
- Malabar-Pfeffer (siehe Info Seite 93)

TIPP

Einfach ein paar gewaschene kleine Kartoffeln mit Schale in der zweiten Garstunde zugeben, und schon hat man eine Beilage zur Haxe.

REZEPTE MIT

SCHWEIN UND HACK-FLEISCH

SCHWEINEHAPPEN – AUS DER – KRUSTE

ZUTATEN FÜR 4 PERSONEN:

1 kg Schweinebrust vom Landschwein (mit dicker Schwarte)

1 Stück frische Ingwerwurzel (ca. 4 cm)

4 Knoblauchzehen

2 EL helle Sojasauce

1 EL Kreuzkümmel

10 g geschroteter Szechuanpfeffer

8 EL gutes Olivenöl

Salz

100 ml Kalbsfond

50 ml Malzbier

Außerdem: lange Spieße zum Servieren

I

Die Schweinebrust kalt abspülen, trockentupfen und die Schwarte rautenförmig einschneiden.

II

Ingwer und Knoblauch schälen bzw. abziehen und fein hacken. Knoblauch mit 2 Esslöffel Ingwer, Sojasauce, Kreuzkümmel, Szechuanpfefferschrot und Olivenöl mit dem Schneebesen vermischen. Mit Salz würzen. Die Schweinebrust komplett damit marinieren.

III

In eine Auflaufform den Kalbsfond gießen und die Brust mit der Schwarte nach oben einlegen. Im Backofen bei 185 °C Umluft 1 Stunde garen. Anschließend die Schwarte mit dem Malzbier bepinseln und etwa 10 Minuten weitergaren.

IIII

Die Brust in kleine Stücke schneiden und auf langen Spießen servieren. Fond und Marinade zum Dippen dazustellen.

(Rezeptfoto auf Seite 56)

Zubereitungszeit: 1 Stunde 30 Minuten

TIPP

Der richtige Snack für einen Herrenabend.

MINISCHNITZEL à LA NICKI

ZUTATEN FÜR 4 PERSONEN:

- 600 g Schweinefilet
- 4 Scheiben Toastbrot
- 3 Eier
- Salz
- Pfeffer
- frisch geriebene Muskatnuss
- 3 EL Mehl
- 3 EL Butterschmalz
- 1 Zitrone
- Außerdem: Klarsichtfolie

I

Das Filet kalt abspülen, trockentupfen, in fingerdicke Scheiben schneiden und unter Klarsichtfolie plattieren (siehe Seite 21).

II

Das entrindete Toastbrot mit dem Mixer fein zerkleinern. Die Eier mit Salz, Pfeffer und Muskat verquirlen. Toastbrot, Eier und Mehl getrennt voneinander jeweils in einen tiefen Teller geben.

III

Das Butterschmalz in einer Pfanne erhitzen. Die Filetscheiben erst im Mehl, dann in der Eiermasse und zum Schluss in den Toastbrotbröseln wenden. Sofort im heißen Butterschmalz rundum goldgelb ausbacken.

IIII

Inzwischen die Zitrone halbieren und auspressen. Die Minischnitzel mit etwas Zitronensaft geschmacklich abrunden und heiß servieren.

Zubereitungszeit: 25 Minuten

TIPP

Ein schneller Kräuter-Gurkensalat (Rezept siehe Seite 112) dient hierzu als erfrischender Begleiter.

MINIROULADEN VOM SCHWEIN

ZUTATEN FÜR 4 PERSONEN:

- 12 Schweineschnitzel aus dem Schweinelachs (ausgelöster Rücken)
- 6 Majoranstängel
- 12 Datteln ohne Kern
- 12 Rosmarinzweige
- 12 Scheiben Serranoschinken
- Olivenöl
- 2 rote Zwiebeln
- 250 ml naturtrüber Apfelsaft
- 250 ml Aceto balsamico
- 2 EL Crème fraîche
- Salz
- Pfeffer
- Außerdem: Klarsichtfolie, 12 kleine Holzspieße

I

Die Schweineschnitzel kalt abspülen, trockentupfen und zwischen Klarsichtfolie leicht plattieren (siehe Seite 21). Majoran waschen, trockenschütteln und die Blättchen abzupfen.

II

Je eine Dattel auf einen Rosmarinzweig spießen. Den gezupften Majoran auf die Schnitzel-Innenseiten verteilen. Die gespickten Datteln einlegen und die Schnitzel zu Rouladen rollen.

III

Die Rouladen mit je 1 Scheibe Serrano umwickeln, diese mit einem Holzspieß fixieren. Das Fleisch dann in etwas Olivenöl in der Pfanne rundum anbraten. Aus der Pfanne nehmen und auf einem Holzbrett ruhen lassen.

IIII

Inzwischen die Zwiebeln abziehen, würfeln, in der heißen Pfanne in etwas Öl glasieren (unter Wenden glasig und golden werden lassen, aber nicht bräunen) und mit Apfelsaft sowie Aceto balsamico auffüllen.

IIIII

Die Mischung etwa 5 Minuten reduzieren lassen und dann mit der Crème fraîche glatt rühren. Mit Salz und Pfeffer abschmecken, Herdtemperatur auf mittlere Hitze stellen und die Rouladen für 7 bis 10 Minuten mitköcheln, dabei mehrmals wenden.

Zubereitungszeit: 30 Minuten

TIPP

Als Füllung können statt der Datteln auch getrocknete Pflaumen verwendet werden.

GERÄUCHERTES SCHWEINEFILET

ZUTATEN FÜR 4 PERSONEN:

- 1 Schweinefilet ohne Filetkopf (ca. 400 g; küchenfertig pariert)
- 1 EL Wacholderbeeren
- 1 TL rote Beeren (roter Pfeffer)
- 1 Rosmarinzweig
- grob gestoßener bunter Pfeffer zum Garnieren
- einige Scheiben Landbrot und Butter als Beilage
- Außerdem: Räucherpfanne und 4 EL Räuchermehl (siehe Seite 18)

I

Das Schweinefilet kalt abspülen, trockentupfen und auf den Räuchereinsatz der Räucherpfanne legen. Diese mit dem Räuchermehl, Wacholderbeeren, roten Beeren sowie Rosmarin befüllen.

II

Das Ganze bei geschlossenem Deckel auf höchster Stufe etwa 10 Minuten erhitzen. Anschließend die Pfanne von der Kochstelle nehmen und das Filet im abkühlenden Rauch etwa 20 Minuten ziehen lassen.

III

Das geräucherte Filet zum Servieren dünn aufschneiden, mit grob gestoßenem Pfeffer garnieren. Mit dem Landbrot und der Butter servieren.

Zubereitungszeit: 45 Minuten

TIPP

Das Filet ist gut haltbar und auch als nettes Gastgeschenk bei Einladungen einsetzbar. Ein klarer Wacholderschnaps rundet diesen Genuss zur Gänze ab.

LOMO IBÉRICO — IN — GRÜNPFEFFERMILCH

I

Das Fleisch mit kaltem Wasser abspülen, trockentupfen und in einem heißen Bräter in etwas Olivenöl rundum anbraten. Anschließend das Fleisch auf ein Holzbrett zum Ruhen geben.

II

Inzwischen Knoblauch und Zwiebel abziehen, würfeln und im heißen Bräter in 20 Gramm Butter anschwitzen. Die übrige Butter in das Gefrierfach geben. Die Milch angießen, aufkochen und unter Zugabe des grünen Pfeffers etwa 5 Minuten unter Rühren kochen lassen. Die Kochstelle auf mittlere Temperatur zurückschalten und etwas warten, bevor der angebratene Lomo in die Milch gegeben wird.

III

Das Fleisch bei geschlossenem Deckel und mittlerer Temperatur 35 bis 40 Minuten langsam unter mehrmaligem Wenden garen lassen.

IIII

Die Milch im Anschluss mit der geeisten Butter pürieren und mit etwas Salz abschmecken. Als Sauce zum Fleisch servieren.

Zubereitungszeit: 1 Stunde

ZUTATEN FÜR 4 PERSONEN:

- 2 kg Lomo Ibérico (Lende vom Ibérico-Schwein)
- Olivenöl
- 6 Knoblauchzehen
- 2 weiße Zwiebeln
- 50 g gesalzene Butter
- 1 l Milch
- 50 g grüner Pfeffer aus der Lake
- Salz

TIPP

Um den intensiven Fleischgeschmack noch zu unterstreichen, bietet sich ein Topping an: Rösten Sie dazu ein paar Pinienkerne mit frisch gezupftem Thymian bei mittlerer Hitze in einer beschichteten Pfanne ohne Öl. Mit Salz und Bio-Zitronenabrieb verfeinern und vor dem Servieren über das Fleisch geben.

KROSSE SCHWEINESCHULTER

I

Backofen auf 180 °C Ober-/Unterhitze vorheizen. Die Schweineschulter kalt abspülen, trockentupfen, mit etwas Salz und Pfefferschrot auf der Fettseite einreiben und auf ein tiefes Blech legen.

II

Das Fleisch im Backofen etwa 10 Minuten garen. Anschließend mit Kalbsfond und Apfelsaft übergießen und nochmals 20 Minuten weitergaren.

III

Inzwischen die Möhren schälen. Staudensellerie waschen, putzen und ebenso wie die Möhren in Scheiben schneiden. Zwiebeln abziehen und in Stifte schneiden. Äpfel schälen, halbieren, vom Kerngehäuse befreien und das Fruchtfleisch grob würfeln.

IIII

Nach 20 Minuten die Schulter mit der Schwarte nach oben drehen und die restlichen Zutaten auf das tiefe Blech geben. Die Temperatur auf 220 °C erhöhen und das Fleisch im Backofen etwa 40 Minuten weitergaren, dabei immer wieder mit dem Bratensud vom Blech übergießen.

Zubereitungszeit: 1 Stunde 30 Minuten

ZUTATEN FÜR 4 PERSONEN:

1,2 kg Schweineschulter mit Schwarte
-
Salz
-
geschroteter Pfeffer
-
500 ml Kalbsfond
-
250 ml naturtrüber Apfelsaft
-
4 Möhren
-
1 Stange Staudensellerie
-
2 Gemüsezwiebeln
-
2 säuerliche Äpfel (Boskop)
-

PRESA IBÉRICA — IM — VAKUUM GEGART

I

Das Fleisch kalt abspülen, trockentupfen und zusammen mit Olivenöl, Kardamom und Szechuanpfeffer in einem Beutel vakuumieren oder alles in einen Zipperbeutel geben und diesen verschließen, dabei möglichst viel Luft herausstreichen. Das Ganze anschließend in einen Topf mit 65 °C heißem Wasser geben und etwa 1 Stunde 30 Minuten garen.

II

Nach dem Garen im Wasserbad das Fleisch aus dem Beutel nehmen und rundum in etwas gesalzener Butter anbraten. Das Fleisch herausnehmen und auf einem Brett ruhen lassen.

III

Inzwischen die Zwiebeln abziehen und fein würfeln. Das Olivenöl aus dem Beutel durch ein Sieb in die heiße Pfanne passieren und mit den Zwiebelwürfeln aufkochen. Kalbsfond zugeben und etwa 3 Minuten reduzieren. Mit Salz abschmecken und zum Fleisch servieren.

Zubereitungszeit: 1 Stunde 45 Minuten

ZUTATEN FÜR 4 PERSONEN:

800 g Presa Ibérica (Schulterstück vom Ibérico-Schwein)

4 EL spanisches Olivenöl

2 grüne Kardamomkapseln

1 TL Szechuanpfeffer

fein gesalzene Butter

2 rote Zwiebeln

125 ml Kalbsfond

Salz

Außerdem:
Vakuumierer und Vakuumbeutel oder Zipperbeutel

TIPP

Feines Kartoffelpüree (Rezept siehe Seite 113) und je nach Saison etwas Trüffel sind passende Begleiter.

MAURERPRALINEN KLASSISCH

I

Aprikosen fein würfeln. Zwiebel abziehen und fein würfeln. Beides mit Hackfleisch und dem Ei vermengen.

II

Das Toastbrot entrinden, in dem Orangensaft kurz einweichen und zu einem Brei verrühren. Petersilie waschen und trockenschütteln. Die Blättchen abzupfen, fein hacken und mit dem Toastbrei unter die Hackmasse arbeiten. Mit Salz und Pfeffer abschmecken.

III

Mit einem Teelöffel aus der Hackfleischmischung kleine Portionen abstechen und mit der Hand zu Frikadellen formen. Diese im heißen Butterschmalz beidseitig braten und auf einem Küchentuch abtropfen lassen.

Zubereitungszeit: 20 Minuten

ZUTATEN FÜR 4 PERSONEN:

- 50 g getrocknete Aprikosen
- 1 weiße Zwiebel
- 600 g gemischtes Hackfleisch
- 1 Ei
- 1 Scheiben Toastbrot
- 50 ml Orangensaft
- 1/2 Bund krause Petersilie
- Salz
- weißer Pfeffer aus der Mühle
- Butterschmalz

TIPP

Etwas süßen Senf dazu reichen.

MAURERPRALINEN »SURF & TURF«

I

Die rote Zwiebel abziehen und fein würfeln. Garnelen kalt abbrausen, trockentupfen und in feine Würfel schneiden. Zitrone heiß waschen, abtrocknen und die Schale abreiben. Die Petersilie waschen und trockenschütteln, die Blättchen abzupfen und fein schneiden.

II

In einer großen Schüssel das Rinderhackfleisch mit den Zwiebelwürfeln, Eiern, Paniermehl und den Garnelen vermengen. Die Masse mit Zitronenabrieb und Blattpetersilie geschmacklich abrunden. Mit Salz und grobem Pfefferschrot abschmecken.

III

Mit einem Teelöffel aus der Masse kleine Portionen abstechen und in der Hand zu Pralinen drehen. Im heißen Butterschmalz rundum braten und zum Abtropfen auf ein Küchentuch legen. Die Limette in Spalten schneiden und zu den Pralinen servieren.

Zubereitungszeit: 20 Minuten

ZUTATEN FÜR 4 PERSONEN:

- 1 rote Zwiebel
- 100 g rohe Garnelen
- 1 Bio-Zitrone
- 1/2 Bund Blattpetersilie
- 600 g Rinderhackfleisch
- 2 Eier
- 2 EL Paniermehl
- Salz
- geschroteter Pfeffer
- etwas Butterschmalz
- 1 Limette
- Außerdem: Küchentuch

TIPP

In Olivenöl marinierte Zitronenfilets sind ein harmonischer Begleiter: Dazu 4 Bio-Zitronen heiß waschen, abtrocknen und die Schale abreiben. Diese mit 2 Esslöffeln Olivenöl, 1 Teelöffel Honig und etwas Salz verrühren. Nun aus den geschälten Zitronen die Filets schneiden und zu der Marinade geben. Die Filets etwa 10 Minuten ziehen lassen und servieren.

ITALIENISCHE FLEISCHHAEPPCHEN

I

Das Rinderfilet mit kaltem Wasser abspülen, trockentupfen und mit einem scharfen Messer in feinste Würfel schneiden.

II

Basilikumblätter fein schneiden, Kapern abtropfen lassen. Zwiebeln abziehen und fein würfeln. Anschließend die Zwiebelwürfel mit heißem Wasser aus dem Wasserkocher in einem Sieb übergießen, dann trockentupfen.

III

Den Backofen auf 160 °C Ober-/Unterhitze vorheizen. Basilikum, Kapern, blanchierte Zwiebelwürfel und die Filetwürfel in einer Schüssel vermengen, mit Salz und Pfeffer abschmecken. Mit zwei kleinen Kaffeelöffeln jeweils etwas Teig abstechen, zu Nocken formen und auf einem Teller abgedeckt in den Kühlschrank stellen.

IIII

Inzwischen ein Backblech mit Backpapier auslegen. Den Parmesan grob reiben und auf dem Backblech zu 6 bis 8 Zentimeter großen Kreisen formen (eine Scheibe eines Plastikrohrs aus dem Baumarkt kann als Form dienen). Den Parmesan im Backofen 5 bis 7 Minuten zu Chips ausbacken.

IIIII

Auf die abgekühlten Parmesanchips die Filetnocken setzen und die Häppchen servieren.

Zubereitungszeit: 25 Minuten

ZUTATEN FÜR 4 PERSONEN:

400 g pariertes Rinderfilet (aus dem Mittelstück)
10 Basilikumblätter
50 g kleine Kapern
2 rote Zwiebeln
Salz
Pfeffer
200 g Parmesan
Außerdem:
Backpapier

TIPP

Nocken aus diversen anderen Fleischsorten (beispielsweise Geflügelnocken, Entennocken oder Wildnocken) erweitern die köstlichen Snackvariationen.

MAURERPRALINEN »ITALIA«

ZUTATEN FÜR 4 PERSONEN:

- 100 g Parmesan
- 600 g Lammhackfleisch
- 1 Ei
- 1 Scheibe Maisbrot (ca. 50 g)
- 50 ml Lammfond (Rezept siehe Seite 124)
- 1 Bund Basilikum
- 2 Knoblauchzehen
- Olivenöl
- brauner Zucker
- Salz
- Pfeffer aus der Mühle
- Außerdem: Küchentuch

I

Den Parmesan fein reiben und mit dem Lammhackfleisch und dem Ei in einer Schüssel vermengen.

II

Das Maisbrot entrinden und im Lammfond weich arbeiten. Basilikum waschen, trockenschütteln, Blättchen abzupfen und fein schneiden. Anschließend beides unter die Masse arbeiten.

III

Die Knoblauchzehen abziehen, würfeln, in einer Pfanne mit etwas Olivenöl sanft anbraten und mit etwas braunem Zucker karamellisieren. Noch warm unter die Hackmasse arbeiten.

IIII

Anschließend in derselben Pfanne die mit einem Teelöffel abgestochenen Lammbällchen in Olivenöl rundum ausbraten. Auf einem Küchentuch abtropfen lassen und mit Salz und Pfeffer würzen.

Zubereitungszeit: 20 Minuten

TIPP

Einfach etwas Tomatensaft in der Pfanne erhitzen und die fertigen Pralinen nochmals darin schwenken.

BELLA BOLOGNESE

ZUTATEN FÜR 4 PERSONEN:

- 4 Knoblauchzehen
- 3 Möhren
- 2 Petersilienwurzeln
- ½ Sellerieknolle
- Olivenöl
- 1 EL brauner Zucker
- 3 EL Tomatenmark
- 200 ml trockener Rotwein
- 500 g Tomatenwürfel (aus der Dose)
- 600 g gemischtes Hackfleisch
- Salz
- Pfeffer
- 500 g Pasta
- 1 Bund frischer Oregano
- ½ Bund frischer Majoran
- frisch geriebener Parmesan

I

Knoblauch abziehen und fein würfeln. Möhren, Petersilienwurzeln und Sellerie schälen, putzen und ebenfalls fein würfeln. Alles Gemüse in einem großen Topf in etwas Olivenöl anschwitzen.

II

Nach 5 Minuten den Zucker zugeben und unter Zugabe des Tomatenmarks weiter anschwitzen. Nach 5 Minuten mit dem Rotwein ablöschen und zusammen mit den Dosentomaten etwa 10 Minuten weiterköcheln.

III

In einer zweiten heißen Pfanne das Hackfleisch mit etwas Olivenöl knusprig anrösten und mit Salz und Pfeffer würzig abschmecken. Zum Gemüsesugo geben und das Ganze bei mittlerer Hitze etwa 1 Stunde köcheln.

IIII

Die Nudeln in reichlich Salzwasser nach Packungsanweisung kochen. Inzwischen die Kräuter waschen, trockenschütteln, die Blättchen abzupfen und zur Bolognese geben. Nach weiteren 10 Minuten nochmals abschmecken und mit frisch geriebenem Parmesan zur Pasta servieren.

Zubereitungszeit: 1 Stunde 30 Minuten

TIPP

Die Sauce Bolognese lässt sich mit gerösteten Fenchelsamen noch verfeinern.

REZEPTE MIT

LAMM,

WILD UND

EXOTEN

LAMMFINGER — MIT — AMARENAKIRSCHEN

ZUTATEN FÜR 4 PERSONEN:

16 Lammfinger (ausgelöstes Unterrückenfilet)

16 Rosmarinzweige

Olivenöl

4 Knoblauchzehen

1 Glas Amarenakirschen (125 g Abtropfgewicht)

1 EL grüner Pfeffer aus der Lake

4 EL Aceto balsamico

Salz

I

Die Lammfinger kalt abspülen, trockentupfen, von den letzten Sehnen befreien und auf je einen Rosmarinzweig spießen. Dies erfolgt von der dickeren Seite bis maximal zur halben Länge der Finger.

II

Die Lammfinger in heißem Olivenöl nach und nach in der Pfanne rundum anbraten und anschließend auf ein Holzbrett zum Ruhen legen.

III

Inzwischen den Knoblauch abziehen und grob würfeln. Die Kirschen abtropfen lassen, den Saft dabei auffangen. Den Knoblauch zusammen mit dem grünen Pfeffer kurz in der Pfanne schmoren. Mit dem Aceto balsamico und dem Kirschsud auffüllen. Das Ganze aufkochen und 3 Minuten kochen lassen. Anschließend die Kirschen zugeben und 3 Minuten mitgaren.

IIII

Die Lammfinger zugeben und rundum im Amarenasud noch einmal 3 Minuten mitgaren lassen. Salzen und sofort servieren.

(Rezeptfoto auf Seite 74)

Zubereitungszeit: 25 Minuten

TIPP

Die Lammfinger schmecken hervorragend mit einem frischen grünen Salat oder einem feinem Erbspüree (Rezept siehe Seite 113).

LAMM-UND-LEBER-LIAISON

ZUTATEN FÜR 4 PERSONEN:

- 4 Lammlachse (ausgelöste Rückenfilets; am besten vom Salzwiesenlamm)
- Olivenöl zum Braten
- 1 Bund Rosmarin
- Salz
- 200 g Kalbsleber
- 80 ml Madeira
- 2 Scheiben Maisbrot
- 8 EL gutes Olivenöl
- 100 g gehackte Pistazien
- Pfeffer aus der Mühle
- 4 Knoblauchzehen

I

Die Lammlachse mit kaltem Wasser abspülen, trockentupfen und in der Pfanne in etwas Olivenöl auf jeder Seite etwa 2 Minuten anbraten, dann sofort auf ein Holzbrett zum Ruhen legen.

II

Inzwischen den Rosmarin mit etwas Salz in der heißen Pfanne ausbraten und in eine Auflaufform geben.

III

Die Kalbsleber kalt abspülen und trockentupfen. Leber in der Pfanne etwa 5 Minuten rundum braten und mit dem Madeira ablöschen.

IIII

Das Maisbrot zerbröseln. Mit der Leber und dem Olivenöl im Blitzhacker zu einer glatten Masse pürieren. Die gehackten Pistazien zugeben, untermischen und mit Salz und Pfeffer abschmecken.

~~IIII~~

Den Backofen auf 185 °C Umluft mit zugeschaltetem Grill vorheizen. Die Lammlachse mit der Lebermischung bestreichen und auf den Rosmarin mit den angedrückten Knoblauchzehen in die Auflaufform legen. Im heißen Backofen etwa 10 Minuten garen.

Zubereitungszeit: 30 Minuten

TIPP

Einfach ein paar Cocktailtomaten mitschmoren, schon haben Sie eine kleine Beilage zum Gericht.

–BESCHWIPSTE– LAMMKEULEN

I

Die Lammkeulen kalt abspülen, trockentupfen und in heißem Olivenöl rundum sehr kross anbraten. Danach für 15 Minuten unter ein Küchentuch auf ein Holzbrett zum Ruhen legen.

II

In der Zwischenzeit die Vakuum- oder Zipperbeutel mit je 3 Pflaumen, 1 Zimtstange, 1 Kardamomkapsel, 1 Wacholderbeere, 1 Sternanis und 2 roten Beeren sowie 100 Milliliter Pflaumenwein füllen.

III

Nach dem Ruhen die Lammkeulen leicht salzen und pfeffern, in je einen Beutel geben und die Beutel vakuumieren oder die Zipperbeutel so verschließen, dass möglichst wenig Luft in ihnen verbleibt. Dann die Lammkeulen etwa 30 Minuten in einem 62 °C heißen Wasserbad garen.

IIII

Nach dem Garen den Sud aus den Tüten durch ein Sieb in die heiße Bratpfanne geben und unter Zugabe des Pflaumensaftes um ein Drittel reduzieren. Mit etwas Olivenöl pürieren, mit Salz und Pfeffer abschmecken. Die Sauce mit dem Fleisch servieren.

Zubereitungszeit: 1 Stunde

ZUTATEN FÜR 4 PERSONEN:

4 ausgelöste Lammkeulen (max. 300 g je Stück)

Olivenöl

12 getrocknete Pflaumen ohne Stein

4 Zimtstangen

4 grüne Kardamomkapseln

4 Wacholderbeeren

4 Sternanis

8 rote Beeren (roter Pfeffer)

400 ml Pflaumenwein

Salz

Pfeffer aus der Mühle

400 ml Pflaumensaft

Außerdem:
Küchentuch, Vakuumierer und 4 Vakuumbeutel oder 4 Zipperbeutel

TIPP

Dieses Gericht verlangt förmlich nach einem schweren Rioja.

ROSMARIN-LAMMRÜCKEN

ZUTATEN FÜR 4 PERSONEN:

2 Lammrücken à 400 g (ausgelöst und pariert)
Olivenöl
4 EL Waldhonig
Salz
1 Bund Rosmarin
1 Knoblauchknolle
Pfeffer

I

Die Lammrücken mit kaltem Wasser abspülen, trockentupfen und in heißem Olivenöl rundum scharf anbraten. Anschließend in eine Auflaufform oder auf einen großen Teller zum Ruhen legen.

II

Inzwischen in der heißen Pfanne den Honig mit etwas Salz zerlassen und den angedrehten Rosmarin darin karamellisieren (siehe auch den Tipp auf Seite 32). Zum Schluss die komplette Knoblauchknolle mit dem Handballen andrücken und ebenfalls kurz karamellisieren.

III

Den Backofen auf 75 °C Umluft vorheizen. Den Rosmarinhonig mit dem Knoblauch auf den Lammrücken verteilen und diese im Backofen 30 Minuten ziehen lassen. Vor dem Anschneiden 5 Minuten ruhen lassen.

Zubereitungszeit: 45 Minuten

TIPP

Die Lammrücken schmecken auch hervorragend auf einem üppig belegten Sandwich: Hierzu einfach etwas Rucola, einige Tomatenscheiben und Avocadowürfel mit Olivenöl marinieren und auf vier Sandwichscheiben verteilen. Mit dem Fleisch belegen und mit Sandwichscheiben abschließen.

LAMMKOTELETTS › AUF ‹ KRÄUTERSUGO

ZUTATEN FÜR 4 PERSONEN:

1 Bund Blattpetersilie

5 Thymianzweige

3 Salbeiblätter

4 Minzeblätter

6 EL Olivenöl

Salz

Pfeffer aus der Mühle

2 Knoblauchzehen

1 Bio-Zitrone

12 Stielkoteletts à ca. 140 g (am besten vom Müritz-Lamm)

I

Die Kräuter waschen und trockentupfen. Die Blättchen von Petersilie und Thymian abzupfen und mit den Salbei- und Minzeblättern fein hacken.

II

Die gehackten Kräuter mit dem Olivenöl, Salz und Pfeffer gründlich zu einem Sugo vermischen.

III

Die Knoblauchzehen andrücken. Die Zitrone heiß waschen, abtrocknen und etwas Schale fein abreiben.

IIII

Die Lammkoteletts mit kaltem Wasser abspülen, trockentupfen und in einer sehr heißen trockenen Grillpfanne 2 Minuten je Seite zusammen mit den Knoblauchzehen braten.

𝍸

Die Koteletts nach dem Braten sofort auf dem Kräutersugo mit Zitronenabrieb bestreut servieren.

Zubereitungszeit: 20 Minuten

TIPP

Die Lammkoteletts können auch auf dem Grill gebraten werden – ideal für eine Grillparty.

FEINER
-FRISCHLINGSRÜCKEN-

ZUTATEN FÜR 4 PERSONEN:

800 g parierter Frischlingsrücken
-
1 EL Butterschmalz
-
3 Wacholderbeeren
-
1 Sternanis
-
3 grüne Kardamomkapseln
-
1 EL Arganöl
-
Salz
-
Pfeffer aus der Mühle
-

I

Den Frischlingsrücken mit kaltem Wasser abspülen, trockentupfen und im heißen Butterschmalz rundum anbraten. Anschließend für 10 Minuten zum Ruhen auf ein Holzbrett geben.

II

Den Backofen auf 80 °C Umluft vorheizen. Wacholderbeeren, Sternanis und Kardamom zusammen mit dem Arganöl pürieren und das Fleisch nach dem Ruhen damit einstreichen.

III

Das Fleisch in eine hitzefeste Form mit Deckel geben und abgedeckt im heißen Backofen etwa 20 Minuten sanft garen. Vor dem Servieren leicht salzen und pfeffern.

Zubereitungszeit: 40 Minuten

TIPP

Dünn aufgeschnitten und nochmals mit etwas Arganwürzöl beträufelt, entfaltet dieser zarte Rücken sein bestes Aroma.

POCHIERTER REHRÜCKEN

I

Den Rehrücken kalt abspülen und trockentupfen. Den Knoblauch andrücken, die Wacholderbeeren im Mörser zerstoßen. Den Rehrücken im heißen Olivenöl rundum anbraten. Anschließend das Fleisch für etwa 5 Minuten zum Ruhen auf ein Holzbrett legen.

II

Inzwischen in derselben Pfanne den angedrückten Knoblauch zusammen mit den Rosmarinzweigen im Tannenhonig karamellisieren und zusammen mit den gemörserten Wacholderbeeren etwa 3 Minuten köcheln lassen. Dann alles durch ein Sieb passieren und den Rehrücken damit rundherum einstreichen.

III

Den Rehrücken erst in Klarsicht-, anschließend in Alufolie wickeln und in einem Wasserbad bei 80 °C 25 Minuten pochieren.

Zubereitungszeit: 45 Minuten

ZUTATEN FÜR 4 PERSONEN:

600 g parierter Rehrücken

2 Knoblauchzehen

4 Wacholderbeeren

Olivenöl

3 Rosmarinzweige

2 EL Tannenhonig

Salz

Außerdem:
Klarsicht- und Alufolie

TIPP

Aus dem restlichen Karamell lässt sich mit etwas Rotwein und Butter eine schnelle Sauce zaubern. Dazu das heiße Karamell in der Pfanne mit etwas Rotwein auffüllen und aufkochen. Nach 3 Minuten 1 Esslöffel kalte Butter zugeben und mit dem Schneebesen oder dem Pürierstab aufschäumen.

HIRSCHSTEAK — UNTER — SCHMORTOMATEN

I

Die Hirschsteaks kalt abspülen, trockentupfen und beidseitig mit dem frischen Thymian abreiben. Anschließend in der heißen Pfanne mit etwas Olivenöl von beiden Seiten je 3 bis 4 Minuten scharf anbraten.

II

Nach dem Anbraten die Steaks auf der Hälfte der Thymianzweige auf einem Holzbrett zum Ruhen legen und mit einem Küchentuch abdecken.

III

Inzwischen die Cocktailtomaten waschen, Knoblauch abziehen und fein würfeln. In der heißen Pfanne die Cocktailtomaten zusammen mit dem Knoblauch im Ahornsirup lackieren (erhitzen und gleichzeitig mit dem Ahornsirup überziehen).

IIII

Die restlichen Thymianzweige sowie die Wacholderbeeren zu den Tomaten in die Pfanne geben und das Ganze kurz unter Zugabe von etwas Olivenöl schwenken.

卌

Die Steaks auspacken und in Scheiben schneiden. Salzen, pfeffern, auf heiße Teller legen. Die Schmortomaten darübergeben.

Zubereitungszeit: 20 Minuten

ZUTATEN FÜR 4 PERSONEN:

4 Hirschsteaks à 180 g (aus der Hirschlende)

1 Bund Thymian

Olivenöl

400 g Cocktailtomaten

2 Knoblauchzehen

1 EL Ahornsirup

4 Wacholderbeeren

Salz

geschroteter Szechuanpfeffer

Außerdem: Küchentuch

TIPP

Etwas Crema di Balsamico dazu reichen.

BALSAMICO-BISON

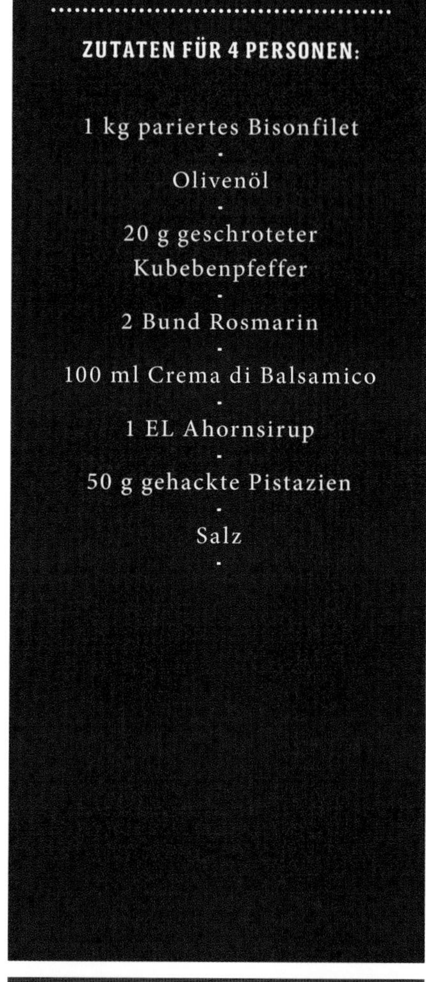

I

Das Bisonfilet kalt abspülen, trockentupfen und in heißem Olivenöl scharf anbraten. Anschließend durch den Kubebenpfeffer rollen. Das Filet für etwa 10 Minuten zum Ruhen auf ein Holzbrett geben.

II

In der Zwischenzeit den Backofen auf 80 °C Umluft vorheizen. Ein Backblech mit dem angedrehten Rosmarin auslegen (siehe auch der Tipp auf Seite 32). Das Bisonfilet darauflegen und im heißen Backofen 2 Stunden 30 Minuten sanft garen.

III

Anschließend in einer Pfanne die Crema di Balsamico und den Ahornsirup 3 Minuten reduzieren und das fertig gegarte Filet kurz darin rollen. Zuletzt das Fleisch noch durch die auf einem Teller verteilten gehackten Pistazien rollen.

IIII

Erst auf dem Teller des Gastes das Bison leicht salzen.

Zubereitungszeit: 3 Stunden

TIPP

Raffinierte Präsentationsform: Das Filet auf einer heißen Schieferplatte anrichten.

MUFFLONKOTELETTS — MIT — OLIVENKRUSTE

ZUTATEN FÜR 4 PERSONEN:

8 Mufflonkoteletts à ca. 100 g
-
Olivenöl
-
4 Knoblauchzehen
-
1/2 Bund Blattpetersilie
-
100 g schwarze Oliven ohne Stein
-
50 g Weißbrot
-
100 g grob gesalzene Butter
-
2 Gemüsezwiebeln
-
5 Thymianzweige
-
Salz
-
gemahlener schwarzer Pfeffer
-
Außerdem:
Küchentuch
-

I

Die Mufflonkoteletts kalt abspülen, trockentupfen und beidseitig in etwas heißem Olivenöl anbraten. Dann auf ein Holzbrett unter einem Küchentuch zum Ruhen legen.

II

In der Zwischenzeit für die Kruste den Knoblauch abziehen. Die Petersilie waschen und trockenschütteln. Die Blättchen abzupfen und hacken. Die Oliven abtropfen lassen. Alles zusammen mit dem Weißbrot mit dem Pürierstab pürieren. Die Masse im Anschluss mit der weichen Butter verkneten und auf die Koteletts verteilen.

III

Den Backofen auf 175 °C Umluft mit zugeschaltetem Grill vorheizen. Die Gemüsezwiebeln abziehen und in grobe Stifte schneiden. Den Thymian waschen, trockenschütteln und die Blättchen abzupfen. Zusammen mit den Zwiebeln sowie etwas Olivenöl auf einem Backblech verteilen.

IIII

Koteletts auflegen und im heißen Backofen in der mittleren Schiene etwa 10 Minuten überbacken. Dann herausnehmen und servieren. Salzen und pfeffern erst auf dem Teller des Gastes.

Zubereitungszeit: 30 Minuten

TIPP

Eine schnelle Tomatensauce (Rezept siehe Seite 116) ist ein stimmiger Begleiter.

–GESCHMORTES– ZIEGENGULASCH

I

Die Ziegenkeule kalt abspülen, trockentupfen, in 3 Zentimeter dicke Würfel schneiden und in einem großen Bräter in Olivenöl anbraten.

II

Den Sellerie waschen, putzen und in Würfel schneiden. Die Möhren schälen, putzen und würfeln. Die Zwiebeln und den Knoblauch abziehen und ebenfalls in Würfel schneiden. Die Zitronen heiß waschen, abtrocknen und die Schale fein abreiben.

III

Das vorbereitete Gemüse zum Fleisch geben und auf allen Seiten anrösten. Den Zitronenabrieb zufügen und alles mit dem Tomatenmark rösten. Den Thymian waschen, trockenschütteln und zugeben. Mit dem Rotwein sowie Tomatenwürfeln auffüllen und umrühren. Bei geschlossenem Deckel und mittlerer Hitze etwa 40 Minuten köcheln lassen.

IIII

Die Oliven zugeben und mit Salz und Pfeffer würzen. 20 Minuten weiterköcheln. Vor dem Servieren den Thymian entfernen, den Feta zerbröckeln und zugeben.

Zubereitungszeitl: 1 Stunde 30 Minuten

ZUTATEN FÜR 4 PERSONEN:

- 2 kg Ziegenkeule ohne Knochen
- Olivenöl
- 1 Stange Staudensellerie
- 2 Möhren
- 4 rote Zwiebeln
- 4 Knoblauchzehen
- 2 Bio-Zitronen
- 3 EL Tomatenmark
- 1 Bund Thymian
- 500 ml Rotwein
- 400 g Tomatenwürfel (aus der Dose)
- 100 g grüne Oliven ohne Stein
- 100 g schwarze Oliven ohne Stein
- Salz
- Pfeffer
- 100 g Feta

TIPP

Warmes Bauernbrot und gutes Olivenöl runden dieses mediterrane Gulasch perfekt ab.

REZEPTE MIT

HÄHNCHEN, ENTE & CO.

HUHN —FLACH— GEBRATEN

ZUTATEN FÜR 4 PERSONEN:

- 1 küchenfertiges Hähnchen
- 300 g Staudensellerie
- 4 rote Zwiebeln
- 2 Knoblauchknollen
- 4 Orangen
- Pfeffer aus der Mühle
- Olivenöl
- Salz
- 4 Thymianzweige

I

Das Hähnchen kalt abspülen und trockentupfen. Mit der Geflügelschere am Rückenknochen teilen und mit der Handfläche flach drücken. Den Backofen auf 200 °C Ober-/Unterhitze vorheizen.

II

Staudensellerie waschen und in feine Scheiben schneiden. Rote Zwiebeln abziehen, in Stifte schneiden und mit dem Sellerie auf einem Backblech verteilen. Knoblauchknollen quer durchschneiden, mit Schale kräftig andrücken und auch aufs Blech geben.

III

Die Orangen schälen, in fingerdicke Scheiben schneiden, auf dem Backblech verteilen und kräftig pfeffern. Das Hähnchen mit etwas Olivenöl bestreichen, leicht salzen und ebenfalls auf das Blech legen. Die Thymianzweige leicht andrehen und auf dem Hähnchen verteilen (siehe auch der Tipp auf Seite 32).

IIII

Das Hähnchen im heißen Backofen etwa 1 Stunde unter stetem Beträufeln mit dem Backsud garen.

(Rezeptfoto auf Seite 90)

Zubereitungszeit: 1 Stunde 30 Minuten

TIPP

Das Hähnchen mit Folie bedecken, wenn es zu kross wird.

BLANCHIERTE HÄHNCHENKEULEN

I

Alle Gemüsesorten waschen, schälen bzw. abziehen und in grobe Würfel schneiden. In einem Topf, zu dem es einen passenden Siebeinsatz gibt, die Gemüsewürfel mit etwas braunem Zucker karamellisieren. (Den Siebeinsatz vorher herausnehmen!)

II

Die Lorbeerblätter sowie die Wacholderbeeren zum karamellisierten Gemüse geben. Etwas Olivenöl zufügen und mit etwa 2 Liter kaltem Wasser auffüllen. Etwa 30 Minuten bei hoher Hitze einkochen.

III

Die Hähnchenkeulen kalt abspülen, trockentupfen und in den Siebeinsatz geben. Die Hitze des Gemüsesuds auf die Hälfte reduzieren und den Siebeinsatz mit den Keulen eintauchen. Bei geschlossenem Deckel und mittlerer Hitze etwa 15 Minuten köcheln.

IIII

Hähnchenkeulen mit dem Gemüse auf einem tiefen Teller anrichten und mit reichlich Olivenöl, Salz sowie Malabar-Pfeffer abschmecken.

Zubereitungszeit: 1 Stunde

ZUTATEN FÜR 4 PERSONEN:

1 Sellerieknolle
-
2 Gemüsezwiebeln
-
3 dicke Möhren
-
brauner Zucker
-
4 Lorbeerblätter
-
5 Wacholderbeeren
-
gutes Olivenöl
-
800 g ausgelöste Hähnchenkeulen ohne Haut
-
Salz
-
Malabar-Pfeffer (siehe Info)
-
Außerdem:
Topf mit Siebeinsatz (z. B. Spaghettitopf)

INFO

Malabar-Pfeffer hat seinen Namen von der gleichnamigen Küste Indiens; die Malabarküste ist wohl die älteste und beste Pfefferanbauregion der Welt. Der Malabar-Pfeffer wird ausschließlich von Hand geerntet und besticht durch seine feinen grünen Aromen.

ASIA-
HÄHNCHENBÄLLCHEN

I

Die Hähnchenbrüste mit kaltem Wasser abspülen, trockentupfen und mit einem scharfen Messer fein würfeln.

II

Zwiebeln abziehen und fein würfeln. Den Ingwer schälen und ebenfalls fein würfeln. Koriandergrün waschen, trockenschütteln, die Blättchen abzupfen und fein hacken. Die Limetten waschen, abtrocknen und die Schale abreiben.

III

Limettenabrieb mit Zwiebeln, 2 Esslöffel Ingwer, 2 Esslöffel Koriander, Eigelb und Glasnudelbruch in einer Schüssel mit den Hähnchenwürfeln zu einer Masse vermengen. Mit Salz abschmecken.

IIII

Mit einem Kaffeelöffel jeweils etwas von der Masse abstechen und zu kleinen Bällchen rollen. Die Sesamsamen mit dem Paniermehl mischen.

卌

Die Fleischbällchen durch die Sesam-Paniermehl-Mischung rollen und in einem hohen Topf im etwa 170 °C heißen Erdnussöl ausbacken (funktioniert natürlich auch in der Fritteuse). Beim Frittieren springen die Glasnudeln wie kleine Stacheln aus den Bällchen hervor.

Zubereitungszeit: 30 Minuten

ZUTATEN FÜR 4 PERSONEN:

800 g Hähnchenbrustfilet

1 weiße Zwiebel

2 rote Zwiebeln

1 Stück frische Ingwerwurzel (ca. 4 cm)

1 Bund Koriandergrün

2 Bio-Limetten

2 Eigelb

3 EL gebrochene Glasnudeln

Salz

40 g Sesamsamen

50 g Paniermehl

500 ml Erdnussöl zum Frittieren

TIPP

Eine handelsübliche »Sweet Chicken Sauce« aus dem Asiamarkt passt als Dip sehr gut dazu.

CHICKEN-CURRY

I

Die Hähnchenbrüste mit kaltem Wasser abspülen, trockentupfen und in fingerdicke Stücke schneiden. In etwas Olivenöl rundum anbraten und sofort zum Ruhen auf einen Teller geben.

II

In der Zwischenzeit die Banane schälen und in Scheiben schneiden. Den Apfel waschen, halbieren, vom Kerngehäuse befreien und würfeln. Die Zwiebel abziehen und in feine Würfel schneiden. Alles in einer heißen Pfanne im Curry rösten.

III

Knoblauch abziehen, fein würfeln, zugeben und das Ganze nach 2 Minuten mit dem Orangensaft ablöschen. Umrühren, bis sich alle Röststoffe vom Pfannenboden gelöst haben. Nun die Kokosmilch zugeben und 5 Minuten unter Rühren aufkochen.

IIII

Die Sauce mit Salz abschmecken und die Hähnchenstücke darin für 5 Minuten auf kleiner Flamme sanft garen.

Zubereitungszeit: 25 Minuten

ZUTATEN FÜR 4 PERSONEN:

- 800 g Hähnchenbrüste (ohne Haut)
- Olivenöl
- 1 Banane
- 1 säuerlicher Apfel (Boskop)
- 1 weiße Zwiebel
- 2 EL Currypulver
- 1 Knoblauchzehe
- 250 ml frisch gepresster Orangensaft
- 1 Dose Kokosmilch (165 ml)
- Salz

TIPP

Die Currysauce eignet sich auch für die Zubereitung mit Lamm- und Schweinefleisch.

GERÄUCHERTE — HÄHNCHENBRUST MIT — LIMETTENOEL

ZUTATEN FÜR 4 PERSONEN:

- 4 Maishähnchenbrüste
- 2 Kaffirlimettenblätter
- 6 Limetten
- 1 Zitrone
- 6 EL Olivenöl
- geschroteter Szechuanpfeffer
- Salz
- 1 TL Honig
- 1 TL fein gesalzene Butter

Außerdem:
Räucherpfanne,
3 EL Räuchermehl
(siehe Seite 18)

I

Die Maishähnchenbrüste kalt abspülen und trockentupfen, mit Räuchermehl und Kaffirlimettenblättern in die Räucherpfanne geben. Das Fleisch auf dem Herd bei geschlossenem Deckel auf höchster Stufe 5 Minuten heiß räuchern (siehe Seite 18).

II

Anschließend die Pfanne von der Kochstelle ziehen und die Brüste noch für 10 Minuten in der abkühlenden, geschlossenen Pfanne lassen.

III

Limetten und die Zitrone halbieren, auspressen und mit dem Saft unter Zugabe von Olivenöl, Pfefferschrot, Salz und Honig eine Emulsion rühren (so lange rühren, bis das Öl im Zitrussaft fein verteilt ist).

III

Die Hähnchenbrüste aus dem Rauch nehmen und in einer heißen Pfanne in der Salzbutter anbraten. Mit dem Limettenöl überglänzen.

Zubereitungszeit: 20 Minuten

TIPP

Etwas Thaibasilikum rundet das Aroma vollends ab.

SALBEIHUHN IM HEU

ZUTATEN FÜR 4 PERSONEN:

2 Freilandhähnchen à ca. 750 g

12 Salbeiblätter

4 Bio-Zitronen

8 EL Olivenöl

2 TL Cayennepfeffer

Salz

Außerdem:
200 g Heu (vom Bauern oder aus der Tierhandlung)

I

Die Hähnchen kalt abspülen, trockentupfen, am Rückenknochen mit der Geflügelschere aufschneiden und mit der Hand flach drücken. Mit der Hand die Haut von den Brüsten anheben und je Hähnchen 6 Salbeiblätter zwischen Brust und Haut platzieren.

II

Den Backofen auf 175 °C Umluft vorheizen. Zitronen mit heißem Wasser waschen und abtrocknen, die Schale abreiben und den Saft auspressen. Das Olivenöl zusammen mit dem Saft und dem Zitronenabrieb sowie dem Cayennepfeffer pürieren. Mit etwas Salz abschmecken und die Hähnchen damit gut einpinseln.

III

Die Hähnchen auf ein mit dem Heu ausgelegtes Backblech geben. Dabei darauf achten, dass möglichst alles Heu unter den Hähnchen bleibt.

IIII

Die Hähnchen im Backofen etwa 1 Stunde garen und dabei immer wieder mit dem Öl einpinseln.

Zubereitungszeit: 1 Stunde 15 Minuten

TIPP

Verwenden Sie für dieses Rezept auch einmal Zimmerlinden- oder Fruchtsalbei. Er besticht durch einen intensiven fruchtigen Duft. Es gibt ihn als Samen zum Selberziehen oder als Pflanze in Gärtnereien zu kaufen.

SCHMORTOPF
— MIT HUHN UND —
KANINCHEN

I

Die Keulen mit kaltem Wasser abspülen, trockentupfen und in etwas Olivenöl in einem heißen Bräter rundum scharf anbraten. Anschließend zum Ruhen auf ein Holzbrett geben.

II

Inzwischen den Knoblauch abziehen und fein würfeln. Kartoffeln waschen und bei Bedarf putzen. Zwiebel abziehen und vierteln. Paprikaschoten halbieren, entkernen, waschen und in Stücke schneiden.

III

Die Knoblauchwürfel im Bräter rösten. Die Kartoffeln im Ganzen oder halbiert dazugeben und mitrösten lassen. Geviertelte Zwiebel und Paprikastücke zugeben und mit etwas Salz und Pfeffer mitschmoren.

IIII

Den Backofen auf 175 °C Umluft vorheizen. Die Keulen sowie den Thymian zugeben, Weißwein und Geflügelfond angießen. Das Ganze bei geschlossenem Deckel im heißen Backofen etwa 45 Minuten garen.

Zubereitungszeit: 1 Stunde

ZUTATEN FÜR 4 PERSONEN:

- 4 Maispoulardenkeulen
- 4 Kaninchenkeulen
- Olivenöl
- 8 Knoblauchzehen
- 8 Kartoffeln
- 1 Gemüsezwiebel
- 1 gelbe Paprikaschote
- 1 rote Paprikaschote
- Salz
- Pfeffer
- 1 Bund Thymian
- 250 ml Weißwein
- 250 ml Geflügelfond

TIPP

Verwenden Sie für dieses Rezept auch einmal rote Kartoffeln (z. B. die Sorte Salad Red). Hierzu passt eine schnelle Aïoli: Dafür 1 Eigelb mit 4 abgezogenen Knoblauchzehen, 200 Milliliter mildem Olivenöl sowie etwas Salz mit dem Pürierstab glatt pürieren.

FESTTAGS-KAPAUN

I

Den Kapaun von Beinen und Kopf sowie Innereien befreien, kalt abspülen und trockentupfen. Mit Salz und Pfeffer innen würzen.

II

Die Geflügelleber würfeln. Apfel waschen, halbieren, vom Kerngehäuse befreien und das Fruchtfleisch würfeln. Zwiebel abziehen und würfeln. Aprikosen und Roggenbrötchen getrennt ebenfalls würfeln.

III

Die Geflügelleber zusammen mit den Äpfeln, Zwiebelwürfeln und Aprikosen in etwas Olivenöl anrösten. In eine Schüssel geben und mit den Roggenbrötchenwürfeln sowie den Walnüssen vermischen. Die Lebermischung mit dem Orangenabrieb sowie etwas Salz und Pfeffer abschmecken und den Kapaun damit füllen. Mit einem Holzspieß verschließen.

IIII

Den Backofen auf 180 °C Umluft vorheizen. Aus Orangensaft, Zimt, braunem Zucker und etwas Olivenöl eine Marinade anrühren und den Kapaun damit bestreichen. Auf ein Gitter mit untergeschobenem Blech im heißen Backofen etwa 1 Stunde 30 Minuten garen, dabei immer wieder mit dem Garsaft beträufeln.

IIIII

Den Kapaun aus dem Ofen nehmen und vor dem Anschnitt noch einmal 10 Minuten ruhen lassen.

Zubereitungszeit: 2 Stunden

ZUTATEN FÜR 4 PERSONEN:

- 1 Kapaun (3–4 kg)
- Salz
- Pfeffer
- 100 g Geflügelleber
- 1 Apfel
- 1 rote Zwiebel
- 50 g getrocknete Aprikosen
- 1 Roggenbrötchen
- Olivenöl
- 20 g gehackte Walnüsse
- Abrieb von 1 Bio-Orange
- 200 ml frisch gepresster Orangensaft
- 1 TL gemahlener Zimt
- 1 TL brauner Zucker

TIPP

Die Reste der Füllung mit etwas Calvados und Crème fraîche aufkochen und als Sauce dazu reichen.

INGWER-ENTE

ZUTATEN FÜR 4 PERSONEN:

- 2 frische Enten à ca. 2 kg (küchenfertig, ohne Innereien)
- Salz
- Pfeffer
- 2 Zimtstangen
- 4 grüne Kardamomkapseln
- 4 Wacholderbeeren
- 4 säuerliche Äpfel
- 50 g frische Ingwerwurzel
- 2 EL Erdnussöl
- 2 EL Ahornsirup

I

Die Enten mit kaltem Wasser abspülen, trockentupfen und innen salzen und pfeffern. Jeweils 1 Zimtstange, 2 Kardamomkapseln sowie 2 Wacholderbeeren in den Bauchraum geben.

II

2 Äpfel waschen, halbieren, vom Kerngehäuse befreien und jeweils 2 Apfelhälften in den Bauchraum einer Ente geben.

III

Den Backofen auf 200 °C Ober-/Unterhitze vorheizen. Ingwer schälen, fein würfeln und mit Erdnussöl sowie Ahornsirup verrühren. Die Enten mit der Ölmischung bestreichen, dann im heißen Bräter rundum anbraten.

IIII

Die Enten im heißen Backofen etwa 40 Minuten garen und dabei immer wieder mit der Ölmischung sowie dem Bratfond bestreichen.

~~IIII~~

Restliche Äpfel waschen, halbieren, vom Kerngehäuse befreien und das Fruchtfleisch in Würfel schneiden. Die Apfelwürfel nach 40 Minuten in den Fond geben und die Enten nochmals für 20 Minuten weitergaren.

Zubereitungszeit: 1 Stunde 30 Minuten

TIPP

Apfelwürfel und Bratfond pürieren, etwas geeiste Butter in Stücken einrühren und diese Sauce zur Ingwer-Ente servieren.

PERLHUHNBRUST — IN — LAVENDELÖL

ZUTATEN FÜR 4 PERSONEN:

4 Perlhuhnbrüste mit Haut à ca. 150 g
·
4 getrocknete Lavendelzweige
·
1 Rosmarinzweig
·
4 EL Arganöl
·
100 g kernlose helle Trauben
·
100 g kernlose rote Trauben
·
Salz
·
Pfeffer
·
4 EL Noilly Prat
·
2 EL geeiste Butter
·
Außerdem: Vakuumierer und Vakuumbeutel oder Zipperbeutel
·

I

Die Perlhuhnbrüste kalt abspülen, trockentupfen und zusammen mit dem Lavendel- und dem Rosmarinzweig sowie dem Arganöl in Vakuum- oder Zipperbeutel geben.

II

Das Fleisch einvakuumieren bzw. die Zipperbeutel so verschließen, dass möglichst wenig Luft darin verbleibt, und die Perlhuhnbrüste 20 Minuten in einem 62 °C heißen Wasserbad garen.

III

In der Zwischenzeit die Trauben waschen, halbieren und mit Salz und Pfeffer würzen.

IIII

Nach dem Garen im Wasserbad die Perlhuhnbrüste aus den Beuteln nehmen, trockentupfen und in einer beschichteten Pfanne ohne Zugabe von Öl auf der Hautseite anbraten. Nach 2 Minuten das Fleisch wenden und zusammen mit Lavendel- und Rosmarinzweigen sowie den halbierten Trauben 2 Minuten schmoren.

~~IIII~~

Die Perlhuhnbrüste aus der Pfanne nehmen. Noilly Prat und geeiste Butter in die Pfanne geben und zu einer schnellen Sauce reduzieren. Mit Salz und Pfeffer abschmecken und mit den Perlhuhnbrüsten servieren.

Zubereitungszeit: 45 Minuten

TIPP

Eisgekühlter Champagner als edler Begleiter zu diesem Gericht lässt die Geschmacksnerven vor Freude tanzen.

EASY

-ENTENBRÜSTE-

ZUTATEN FÜR 4 PERSONEN:

4 Entenbrüste à ca. 300 g

50 g frische Ingwerwurzel

4 rote Zwiebeln

250 ml Cassiscreme

250 ml Sauerkirschsaft

4 grüne Kardamomkapseln

Salz

gestoßener Espressopfeffer (siehe Tipp Seite 37)

I

Die Entenbrüste kalt abspülen, trockentupfen und auf der Fettseite vorsichtig rautenförmig einschneiden. In einer kalten Pfanne (ohne Zugabe von Öl) auf dem Herd anbraten. Wenn die Hautseite kross geworden ist, einmal wenden und kurz auf der Fleischseite braten, dann zum Ruhen auf ein Holzbrett geben.

II

In der Zwischenzeit den Ingwer schälen und fein würfeln. Zwiebeln abziehen und in Stifte schneiden. Ingwer und Zwiebeln in der heißen Pfanne anbraten. Nach 3 Minuten mit Cassiscreme und Kirschsaft ablöschen und 5 Minuten reduzieren lassen.

III

Inzwischen den Backofen auf 120 °C Ober-/Unterhitze vorheizen. Den angedrückten Kardamom zu der reduzierten Sauce geben, die Sauce mit Salz abschmecken und die Entenbrüste kurz darin wenden. Mit dem Espressopfeffer bestreuen.

IIII

Die Entenbrüste samt Sauce in eine Auflaufform geben und im heißen Backofen 20 Minuten garen.

Zubereitungszeit: 40 Minuten

TIPP

Chilifäden sind eine raffinierte und essbare Dekoration, die dem Gericht den letzten Pfiff gibt.

ROSMARIN-ENTENSCHINKEN

ZUTATEN FÜR 4 PERSONEN:

4 Entenbrüste (weiblich, à ca. 160 g)
- 4 Knoblauchzehen
- 1 Bund Thymian
- 1 Bund Rosmarin
- 2 kg grobes Salz
- 500 g Zucker
- 2 EL Mönchspfeffer

Außerdem: stabiler Gefrierbeutel, 4 Zipperbeutel, Mulltuch

I

Die Entenbrüste kalt abspülen, trockentupfen und mit einem scharfen Messer auf der Fettseite sehr leicht in Rautenform einschneiden – nur zur Hälfte der Tiefe in den Fettmantel schneiden. Den Knoblauch abziehen und fein hacken. Thymian und Rosmarin waschen und trockenschütteln. Jeweils die Blättchen bzw. die Nadeln abzupfen.

II

Salz mit Knoblauch und Rosmarin im Gefrierbeutel mit den Handflächen zusammendrücken. Zucker, gezupften Thymian und Mönchspfeffer im Mörser kräftig vermischen. Anschließend Salz und Zucker mischen. Die Salzmischung in 4 Portionen teilen. Je 1 Zipperbeutel flach damit befüllen. Die Entenbrüste einlegen und mit der Salz-Zucker-Mischung bedecken. Die Beutel verschließen, dabei möglichst viel Luft herausdrücken.

III

Die Entenbrüste auf der Hautseite liegend 4 Tage im Kühlschrank lagern. Anschließend herausnehmen, abspülen, trocknen, in ein Mulltuch wickeln und nochmals 3 Wochen im Kühlschrank reifen lassen.

Reifungszeit: 25 Tage

TIPP

Vor allem ausreichend Zeit braucht es für dieses Gericht, damit das Fleisch zum Schinken reifen kann. Und somit ist ein solcher Entenschinken in jedem Fall eine Herzenssache!

INFO

Mönchspfeffer ist umgangssprachlich auch als Keuschbaum bekannt, weil er stimulanzsenkend wirken kann. In der Küche besticht er durch eine feine Schärfe.

EXOTISCHE WACHTEL

ZUTATEN FÜR 4 PERSONEN:

- 8 küchenfertige Wachteln
- Olivenöl
- 1 Mango
- 1 Birne
- 10 Thymianzweige
- 50 g gesalzene Butter
- 1 Scheibe Schwarzbrot
- Salz
- Pfeffer aus der Mühle

I

Die Wachteln kalt abspülen, trockentupfen, von den Unterschenkeln befreien und in etwas heißem Olivenöl rundum anbraten. Nach dem Braten auf ein Brett zum Ruhen geben.

II

Den Backofen auf 200 °C Ober-/Unterhitze vorheizen. Die Mango schälen, das Fruchtfleisch vom Kern schneiden und fein würfeln. Birne waschen, halbieren, vom Kerngehäuse befreien und fein würfeln. Thymian waschen, trockentupfen und die Blättchen abzupfen.

III

Die Obstwürfel in der noch heißen Pfanne in der gesalzenen Butter unter Wenden anschwitzen. Die Schwarzbrotscheibe fein zerbröseln und zugeben. Mit dem gezupften Thymian geschmacklich abrunden.

IIII

Die Wachteln innen salzen und pfeffern. Die Masse aus der Pfanne direkt in die Wachteln füllen und den verbleibenden Rest auf den Boden einer Auflaufform verteilen. Die Wachteln in die Form setzen und im heißen Backofen etwa 10 Minuten garen.

Zubereitungszeit: 30 Minuten

TIPP

Zerbröseln Sie zusätzlich 3 Scheiben Pumpernickel und geben diese in eine beschichtete heiße Pfanne. Das Ganze mit einer Mischung aus Salz und braunem Zucker mischen, dann unter Rühren bei mittlerer Hitze karamellisieren. Geben Sie die Pumpernickelbrösel dann über die fertigen saftigen Wachteln!

REZEPTE FÜR

BEILAGEN,

– SAUCEN UND –

FONDS

KRÄUTER-GURKENSALAT

1 Salatgurke schälen, längs halbieren, mit einem Löffel die Kerne auskratzen und in eine Schüssel geben. Gurke quer in feine Scheiben schneiden. Diese in einer Schüssel mit **4 EL Olivenöl** und dem **Saft von 1 Limetten** marinieren.

Je **1 Bund Dill und Kerbel** waschen, trockenschütteln und Spitzen bzw. Blättchen abzupfen. Beides fein schneiden, zur Gurke geben und unterrühren.

1 weiße Zwiebel abziehen, würfeln und zu den Gurkenkernen geben. Unter Zugabe von **150 g Joghurt** mit dem Pürierstab pürieren. Die Masse durch ein feines Sieb streichen und zu den Gurken geben. Den Salat mit **Salz** und **Pfeffer** abschmecken und etwa 1 Stunde ziehen lassen.

(Rezeptfoto auf Seite 110 oben)

Zubereitungszeit: 15 Minuten

GROBER TOMATENSALAT

6 reife Tomaten waschen, in grobe Würfel schneiden und in eine Schale geben. **2 rote Zwiebeln** abziehen, in dünne Stifte schneiden und dazugeben. **3 Stängel frischen Oregano** waschen, trockentupfen und Blättchen abzupfen. **20 g schwarze Oliven ohne Stein, 20 g Kapern** und gezupften Oregano unter die Tomatenmischung heben.

1 Bund Blattpetersilie waschen, trockentupfen und grob hacken. **2 Zitronen** auspressen. Die Petersilie mit dem Zitronensaft und **4 EL Olivenöl** fein pürieren, mit **Salz** und **Pfeffer** abschmecken und unter die Tomaten mengen.

(Rezeptfoto auf Seite 110 unten)

Zubereitungszeit: 15 Minuten

ERBSPÜREE

400 g TK-Erbsen in einem Sieb mit heißem Wasser überbrühen und abtropfen lassen. **1 Gemüsezwiebel** und **1 Knoblauchzehe** abziehen, würfeln und in **20 g gesalzener Butter** in einem Topf glasig werden lassen. Mit **Salz, Pfeffer** und **frisch geriebenem Muskat** würzen.

1 Bund Blattpetersilie waschen, trockenschütteln und grob hacken. Mit den Erbsen und **1 EL Crème fraîche** zur Zwiebelmischung geben und alles mit dem Pürierstab pürieren. Den Topf vom Herd nehmen und die Erbsmasse unter Zugabe von etwas **Olivenöl** zu einem glatten Püree verarbeiten.

(Rezeptfoto auf Seite 110 links)

Zubereitungszeit: 15 Minuten

KARTOFFELPÜREE

1 kg festkochende Kartoffeln schälen und etwa 20 Minuten in **Salz**wasser kochen. Nach dem Abgießen auf ein Tuch zum langsamen Auskühlen geben.

1 weiße Zwiebel und **1 Knoblauchzehe** abziehen, ganz fein würfeln und in **20 g gesalzener Butter** glasig werden lassen. **1 EL Zucker** zugeben, dann **250 g Sahne** und alles unter Rühren einmal kräftig aufkochen. Das Ganze fein pürieren.

Nach und nach die Kartoffeln unter die aromatisierte Sahne stampfen und das Püree mit Salz und **frisch geriebenem Muskat** abschmecken.

Zubereitungszeit: 15 Minuten

BLITZ-PETERSILIENPESTO

2 Bund Blattpetersilie waschen, trockenschütteln und samt Stielen grob schneiden. **4 Limetten** auspressen. **1 Bio-Zitrone** heiß waschen, trocknen und die Schale fein abreiben.

Den Limettensaft zusammen mit **250 ml Argan-** und **250 ml gutem Olivenöl**, Zitronenabrieb und **1 EL Ahornsirup** mit dem Pürierstab aufschäumen. Nach und nach die Petersilie zugeben und das Pesto zum Schluss mit etwas **Salz** abschmecken.

TIPP: In einem Schraubglas verschlossen und an der Oberfläche stets mit etwas Olivenöl bedeckt ist das Pesto im Kühlschrank bis zu 3 Wochen haltbar.

Zubereitungszeit: 10 Minuten

BRATKARTOFFELN

600 g festkochende Kartoffeln mit Schale, am besten am Vortag, etwa 20 Minuten in **Salz**wasser kochen. Anschließend heiß pellen und auskühlen lassen.

Kartoffeln halbieren bzw. in dicke Scheiben schneiden und in einer großen Pfanne in **50 g Butterschmalz** bei mittlerer Hitze goldbraun ausbraten.

4 Zwiebeln abziehen, in Stifte schneiden und nach etwa 5 Minuten zu den Kartoffeln geben. Alles mehrmals leicht wenden und nun bei höchster Hitze nochmals etwa 5 Minuten unter Zugabe von **50 g gesalzener Butter** kross braten. Mit Salz und **Pfeffer** abschmecken.

Zubereitungszeit: 2 Stunden

GRÜNE SALSA

2 Bund Blattpetersilie und **2 Bund Basilikum** waschen, trockentupfen und die Blätter grob schneiden. **2 Knoblauchzehen** abziehen. **1 Bio-Zitrone** heiß waschen, abtrocknen, die Schale abreiben und den Saft auspressen.

Die Kräuter, Knoblauch, Zitronensaft und -schale zusammen mit **8 EL Olivenöl, 1 Sardellenfilet (aus dem Glas)** und **20 g Kapern** mit einem Pürierstab fein pürieren. Mit etwas **Zucker** abschmecken und servieren.

Zubereitungszeit: 10 Minuten

SCHNELLE TOMATENSAUCE

1 weiße Zwiebel und **1 Knoblauchzehe** abziehen und ganz fein würfeln. In heißem **Olivenöl** anschwitzen und mit **1 EL braunen Zucker** karamellisieren.

Das Ganze mit **200 ml Maracujasaft** ablöschen und unter Rühren **500 g Tomatenwürfel (aus der Dose)** zugeben. Alles etwa 5 Minuten reduzieren lassen und mit **Salz** und **Pfeffer** abschmecken.

TIPP: Jede Art von frischen Kräutern kann beim Servieren als Dekoration verwendet werden.

Zubereitungszeit: 15 Minuten

BLITZPOLENTA

1 L Brühe (Gemüse-, Fleisch- oder Geflügelbrühe) in einem breiten, flachen Topf aufkochen und sofort die Hitze auf kleinste Stufe stellen. **250 g Maisgrieß** nach und nach unter Rühren dazugeben. Bei geschlossenem Deckel 10 Minuten ziehen lassen.

Herd ausschalten, **50 g Parmesan** reiben, mit **50 g Butter** unter den Grieß rühren und nochmals 15 Minuten bei geschlossenem Deckel ziehen lassen.

TIPPS: Anstelle von Brühe kann man auch gerne zur Hälfte Milch oder Sahne verwenden, denn dadurch wird die Polenta noch cremiger. Verfeinert mit etwas Olivenöl und einigen gerösteten Brotwürfeln ist solch eine Polenta ein deftiges Hauptgericht für fleischlose Tage.

Zubereitungszeit: 30 Minuten

TRADITIONELLES BASILIKUMPESTO

1 Bund Basilikum waschen, trockenschütteln und grob schneiden. **4 Knoblauchzehen** abziehen. Beides mit **125 ml Olivenöl** pürieren.

Nach und nach **2 EL Pinienkerne** und **6 EL frisch geriebenen Parmesan** zugeben. Mit **Salz** und **Pfeffer** würzig abschmecken.

TIPP: Um ein runderes Aroma sicherzustellen, das Pesto nach Gusto zusätzlich noch mit etwas braunem Zucker würzen.

Zubereitungszeit 10 Minuten

KNUSPER-KRAEUTER

I

Für den Frittierteig Mehl und Wein in einer Schüssel glatt rühren. Das Ei trennen. Eigelb und flüssige Butter zugeben und das Ganze aufschlagen. Das Eiweiß mit etwas Salz zu Schnee schlagen und unterheben.

II

Die gewaschenen und gut trockengetupften Kräuter durch den Frittierteig ziehen und die Kräuter im heißen Fett ausbacken. Anschließend zum Abtropfen auf ein Küchentuch geben und je nach Gusto noch nachsalzen.

Zubereitungszeit: 10 Minuten

ZUTATEN FÜR 8 PORTIONEN:

- ca. 6 Bund frische Kräuter à ca. 100 g (z. B. Salbei, Thymian, Rosmarin, Oregano, Liebstöckel oder Majoran)
- Für den Frittierteig
- 125 g Mehl
- 150 ml Weißwein
- 1 Ei
- 2 EL flüssige Butter
- Salz
- ca. 500 ml Öl oder Butterschmalz zum Ausbacken
- Außerdem: Küchentuch

TIPP

Die Knusper-Kräuter sind ein schöner Snack zum Bier.

INFO

Zu einem schönen Stück Fleisch brauche ich selbst kaum Beilagen, aber es gibt ja immer mal wieder Momente, da möchte man seinem persönlichen »Umami« noch eine Krone aufsetzen. Da kommen die Knusper-Kräuter wie gerufen!

HELLER KALBSFOND

ZUTATEN FÜR 8 PORTIONEN:

2 Gemüsezwiebeln
·
1 Petersilienwurzel
·
1 Sellerieknolle
·
3 Möhren
·
1 Lauchstange
·
Salz
·
2 EL Sonnenblumenöl
·
4 kg Kalbsknochen (Karree/Schwanzstücke)
·
10 weiße Pfefferkörner
·
5 Lorbeerblätter
·
Außerdem:
feines Passiersieb
·

I

Die ungeschälten Gemüsezwiebeln halbieren und in einem großen Topf (10 bis 15 Liter Fassungsvermögen) auf der Schnittfläche bei hoher Temperatur schwarz rösten.

II

Alle Gemüse waschen, bei Bedarf schälen, putzen und in grobe Würfel schneiden. Die Gemüsestücke zu den Zwiebeln geben, etwas Salz zufügen und alles mit dem Öl leicht schmoren.

III

Anschließend die Knochen waschen, zugeben und mit mindestens 5 Liter kaltem Wasser auffüllen. Pfefferkörner sowie Lorbeerblätter zugeben und das Ganze bei mittlerer Hitze langsam aufkochen.

IIII

Während des Kochvorgangs immer wieder Schaum abschöpfen. Nach 1 Stunde nochmals mit 5 Liter kaltem Wasser auffüllen. Den Fond 4 Stunden durchkochen lassen. Anschließend durch ein feines Sieb passieren, in beschriftete Weckgläser abfüllen und in den Kühlschrank geben.

Zubereitungszeit: 4 Stunden 30 Minuten

TIPP

Für 8 Portionen Buttersauce 2 fein gewürfelte Schalotten in 20 Gramm Butter glasig werden lassen. Mit 300 Milliliter Weißwein, 2 Esslöffel Weißweinessig, 100 Milliliter Kalbsfond und 2 Esslöffel Noilly Prat ablöschen. Etwa 10 Minuten bei höchster Hitze reduzieren lassen. Alles durch ein feines Sieb passieren, mit 200 Gramm eiskalter Butter aufschlagen, mit Salz und Pfeffer abschmecken.

DEMI GLACE DELUXE

ZUTATEN FÜR 8 PORTIONEN:

- 2,5 kg Kalbsknochen
- 2,5 kg Rinderknochen
- Pflanzenöl
- 1 kg Möhren
- 1 kg weiße Zwiebeln
- 1 Sellerieknolle
- 1 Tube Tomatenmark
- 1 l Weißwein
- Salz
- geschroteter Pfeffer

I

Den Backofen auf 220 °C Umluft mit zugeschaltetem Grill vorheizen. Die Knochen kalt abspülen und in einen großen Bräter schichten. Mit etwas Öl beträufeln und im Backofen etwa 20 Minuten rösten lassen. Nach 20 Minuten die Knochen wenden und erneut 20 Minuten rösten lassen.

II

In der Zwischenzeit alle Gemüse waschen, schälen oder abziehen, putzen und in grobe Würfel schneiden. Diese nach 40 Minuten zu den Knochen geben, alles gut mischen und erneut 20 Minuten rösten.

III

Nun das Tomatenmark im heißen Bräter mit Knochen und Gemüse vermengen und das Ganze erneut 20 Minuten rösten. Anschließend mit Weißwein auffüllen, umrühren und erneut 20 Minuten im Ofen rösten.

IIII

Etwas Salz und Pfefferschrot zugeben und mit 2 Liter Wasser auffüllen. Nach wiederum 20 Minuten wird der Fond durch ein Sieb passiert.

Zubereitungszeit: 3 Stunden

TIPP

In Eiswürfelbereiter abgefüllt, dient die Demi Glace als Basis für Saucenansätze aus den anfallenden Parüren (siehe Seite 7).

RINDER-BRÜHE

ZUTATEN FÜR 8 PORTIONEN:

1 Gemüsezwiebel

1 Möhre

1 Lauchstange

1 kleine Sellerieknolle

1 TL Ahornsirup

Olivenöl

Salz

Pfeffer

1 kg Rinderknochen

Außerdem:
feines Passiersieb, Eiswürfelbehälter, Klarsichtfolie

I

In einem großen Topf die halbierte, nicht geschälte Gemüsezwiebel auf der Schnittseite bei hoher Temperatur trocken rösten.

II

Alle Gemüsesorten (Möhre, Lauch, Sellerie) waschen, bei Bedarf schälen, putzen und in grobe Stücke schneiden. Mit dem Ahornsirup und etwas Olivenöl zur Zwiebel geben und umrühren. Etwas Salz und Pfeffer zugeben und mit 2 Liter kaltem Wasser auffüllen.

III

Die Rinderknochen kalt abspülen, zugeben und aufkochen lassen. Den entstehenden Schaum abschöpfen und bei mittlerer Hitze etwa 2 Stunden 30 Minuten köcheln lassen.

IIII

Anschließend die Knochen entfernen, das Gemüse mit der Brühe durch ein feines Sieb passieren und in Eiswürfelbereiter füllen. Mit Klarsichtfolie bedecken und einfrieren. (Dies hat den Vorteil, dass man auch kleine Mengen schnell verfügbar hat.)

Zubereitungszeit: 3 Stunden

TIPP

Geben Sie vor dem Passieren etwas Bio-Zitronenschale in das Sieb und gießen Sie dann die heiße Brühe langsam darüber. Diese feine Zitrusnote verleiht der Brühe eine besondere Frische.

LAMM-FOND

I

Backofen auf 220 °C Ober-/Unterhitze vorheizen. Die gewaschenen Lammknochen in einem tiefen Backblech im heißen Backofen etwa 30 Minuten unter mehrmaligem Wenden mit etwas Olivenöl rösten lassen.

II

In der Zwischenzeit Zwiebeln, Sellerie, Möhren und Knoblauch abziehen bzw. schälen, waschen, putzen und in grobe Würfel schneiden.

III

Das Gemüse in einem großen Topf in heißem Olivenöl anrösten. Nach 10 Minuten den Ahornsirup und das Tomatenmark zugeben. Unter Rühren etwa 5 Minuten scharf anrösten und anschließend mit dem Rotwein nach und nach auffüllen.

IIII

Den Gemüseansatz 10 Minuten kochen lassen und dann die gerösteten Knochen dazugeben. Mit der Gemüsebrühe auffüllen, Pfefferkörner, Salz sowie Lorbeerblätter und Wacholderbeeren zugeben.

~~IIII~~

Den Fond bei kleiner Hitze 3 bis 4 Stunden reduzieren lassen. Nach dem Reduzieren durch ein feines Sieb passieren. In Weckgläser abfüllen und kühl stellen oder einfrieren.

Zubereitungszeit: 5 Stunden

ZUTATEN FÜR 8 PORTIONEN:

2 kg gehackte Lammknochen (z. B. vom Rücken)
·
Olivenöl
·
2 Gemüsezwiebeln
·
1 Sellerieknolle
·
2 Möhren
·
5 Knoblauchzehen
·
2 EL Ahornsirup
·
3 EL Tomatenmark
·
1 Flasche Rotwein (750 ml)
·
2 l Gemüsebrühe
·
10 Pfefferkörner
·
Salz
·
5 Lorbeerblätter
·
5 Wacholderbeeren
·
Außerdem:
feines Passiersieb

TIPP

Geben Sie vor dem Abfüllen des Fonds jeweils 2 Zweige frischen Thymian oder Rosmarin in die Weckgläser. Diese Kräuter verleihen dem Lammfond ein besonderes Aroma.

GEFLÜGEL-FOND

ZUTATEN FÜR 8 PORTIONEN:

- 3 weiße Zwiebeln
- 1 Staudensellerie
- 3 Möhren
- 1 Sellerieknolle
- 10 schwarze Pfefferkörner
- 4 Thymianzweige
- 4 Rosmarinzweige
- 4 Oreganostängel
- Salz
- 2 Suppenhühner

Außerdem:
feines Passiersieb,
Weckgläser

I

Die Zwiebeln abziehen und vierteln, das restliche Gemüse waschen, bei Bedarf schälen, putzen und würfeln. Alles in einen großen Topf (10 bis 15 Liter Fassungsvermögen) geben.

II

Pfefferkörner, Kräuterzweige bzw. -stängel sowie etwas Salz zugeben und mit mindestens 8 Liter kaltem Wasser auffüllen. Suppenhühner kalt abspülen, trockentupfen, mit etwas Salz auf den Hautseiten abreiben und mit ins Wasser geben.

III

Das Ganze bei mittlerer Hitze etwa 45 Minuten kochen, abschäumen (obenauf schwimmende Trübstoffe mit einem Löffel entfernen) und die Suppenhühner zum Abzupfen herausnehmen (siehe Tipp).

IIII

Die Brühe nochmals mindestens 1 Stunde reduzieren (je länger, desto intensiver wird sie im Geschmack), anschließend durch ein Sieb passieren, in beschriftete Weckgläser füllen und kühl stellen oder einfrieren.

Zubereitungszeit: 2 Stunden

TIPP

Das gezupfte Geflügelfleisch kann mit etwas Brühe und Sahne zu einem feinen Geflügelragout verarbeitet werden. Oder das Geflügelfleisch dient als Basis für einen Geflügelsalat. Als Suppeneinlage findet es sicherlich auch schnell seine Abnehmer.

SPEZIAL

GRILLEN-
•TECHNIKEN•
REZEPTE

× DIE GRILLMETHODEN ×

DIREKTES GRILLEN

Das direkte Grillen ist die ursprünglichste Grillmethode. Zuerst Feuer oder Glut entfachen, dann die Fleischstücke unter Wenden auf dem Rost scharf anbraten. Diese Methode kommt dem traditionellen Braten in der Küche am nächsten. Das direkte Grillen bedarf keiner besonderen Ausstattung und keines besonderen Zubehörs. Entscheidend sind hierbei nur die vorhandene Hitze und ein passendes Stück Grillgut. Bei direkter Hitze grillt man: Steaks, Koteletts, Hähnchenschenkel, Burger, Würstchen und Gemüse.

INDIREKTES GRILLEN

Beim indirekten Grillen nutzt man normalerweise die zirkulierende Hitze eines Grills mit Deckel, um das Grillgut nach dem Angrillen bei mäßiger Hitze weiter zu garen. Diese Methode kommt dem Garen im Backofen sehr nah. Das indirekte Grillen kann man bei folgendem Grillgut anwenden: ganze Hähnchen, Putenkeulen, Bratenstücke, Rippenstücke und ganze Fische.

BARBECUE

Barbecue benennt im Ursprung das Garen in einem heißen Erdloch bei geringer Hitze über einen möglichst langen Zeitraum. Heute wird beim originalen Barbecue bei mäßiger Hitze in der Abluft des Holzfeuers gegart, und dies meist mit großen marinierten Fleischstücken. Barbecue ist eine typisch amerikanische Leidenschaft, der auch hierzulande immer mehr Grillfans frönen. Beim Barbecue kommen folgende Fleischstücke zum Einsatz: Schweineschulter, Rinderbrust, ganze Lämmer, große Geflügel und lange Rippenstränge.

SMOKEN UND RÄUCHERN

Beim Smoken gart man rein im Rauch in einer separaten Garkammer des Smokers bei 90 bis 110 °C. Der Smoker wird angezündet und dann mit Aromaholzspänen befeuert. Das Smoken wurde in den Südstaaten ursprünglich für die Zubereitung von minderwertigem Fleisch erfunden, um auch dieses möglichst zart auf den Teller zu bekommen. Es gibt drei Klassiker aus dem Smoker:
Pulled Pork Hier wird Schweineschulter ca. 20 Stunden im Pit, der »Feuergrube«, gegart und dann gezupft.
Brisket/zähe Rinderbrust Durch das langsame, bis zu 14-stündige Garen wird die Brust butterzart.
Slabs/Spareribs Gut mariniert sind die möglichst langen Schweinerippenstränge nach ca. 5 Stunden so zart, dass man die Knochen einfach aus ihnen herausziehen kann.

Beim Räuchern unterscheidet man zwischen Kalt- und Heißräuchern.
Kaltgeräuchert wird bei 15 bis 25 °C hauptsächlich zur Haltbarmachung von Fisch und Fleisch. Beispielsweise Wurst, Schinken und Speck werden in verschiedenen Phasen (Räucher- und Frischluftphasen) oft über Tage konserviert.
Heißräuchern bezeichnet das Räuchern von frischem unbehandeltem Fisch und Fleisch bei 50 bis 85 °C über wenige Stunden. Das Räuchergut ist danach nur kurz haltbar.

× ZUM GUTEN SCHLUSS ×

HYGIENE AM GRILL

Die Hygiene sollte gerade bei der Zubereitung am Grill im Vordergrund stehen. Nicht nur der Grillrost sowie sämtliche Ablagen sollten vor jedem Grilleinsatz gründlich gereinigt werden. Nein, genauso sollte man beim Bereitstellen des Grillgutes auf die nötige Sauberkeit und Kühlung achten: Salate sowie kalte Beilagen sollten möglichst nicht in der Sonne des Verzehrs harren, sondern erst kurz vor Bedarf im Freien unter Hauben bereitgestellt werden. Das Grillgut sollte möglichst abgedeckt auf einem separaten Tisch neben dem Grill stehen.

TIPP: Fleisch sollte möglichst nicht direkt aus dem Kühlschrank auf den Grill gelangen, sondern sich vorab mindestens 2 bis 3 Stunden bei Zimmertemperatur akklimatisieren. Die Fleischfasern entspannen sich, und das Grillgut bleibt beim Grillen zarter.

Nach dem Grillen ist vor dem Grillen – deshalb sollte der noch warme Grillrost nach Möglichkeit direkt gereinigt werden. Entweder im heimischen Backofen im Pyrolyseprogramm mitreinigen oder in Zeitungspapier mit Apfelessig getränkt über Nacht einwirken lassen.

EIN WORT ZUR SICHERHEIT

Auch beim Grillen gilt: Sicherheit geht vor. Somit sollte im Regelfall in Reichweite jedes offenen Feuers immer auch ein Feuerlöscher bereitgestellt werden. Dies gilt ebenso für Holz- oder Gasgrillstationen. Des Weiteren sollte auf das Begießen des Grillgutes mit Hochprozentigem auch aus Sicherheitsaspekten verzichtet werden. Der Holzkohlengrill sollte immer mit dem passenden Deckel versehen über Nacht auf festem Untergrund auskühlen. Nach jedem Grillvergnügen muss die Gasflasche verschlossen und vom Grill getrennt aufbewahrt werden.

GRILLZUBEHÖR – DIE BASICS

Wie bei jedem Hobby gibt es auch für den ambitionierten Griller jedwedes Zubehör: von der Grillschürze mit Grillbesteckfach bis hin zur Grillkappe mit eingebautem Ventilator. Wirklich hilfreich sind diese Basics: Grillzange (möglichst lang, damit die Hand beim Wenden nicht zu nah an den heißen Grill muss). Ich rate von Grillgabeln generell ab, da diese das Fleisch verletzen und somit der wertvolle Fleischsaft entweichen kann. Großes Schneidebrett zum Ablegen, Ruhen und Schneiden. Reichlich Schalen für das fertige Grillgut (möglichst wiederverwendbar!). Eventuell ein Pinsel zum Bestreichen des fertigen Grillgutes mit bereitgestellten Marinaden. Baumwolltücher zum Abdecken oder Einwickeln des Grillgutes während der Ruhephasen. Wer große Fleischstücke über einen längeren Zeitraum zubereiten möchte, sollte einen Kerntemperaturfühler verwenden. Beim Garen von Steaks o.Ä. sollte man von dessen Verwendung jedoch absehen.

MARINIEREN ODER NICHT MARINIEREN?

Die Frage, ob man(n) sein Grillfleisch vor dem Grillen marinieren sollte, entfacht selbst in kleinster Runde oft hitzige Debatten. Ob ja oder nein, das müssen Sie einfach ma(h)l ausprobieren. Jedoch ist eines so sicher wie das Amen in der Kirche: Niemals fertig mariniertes Grillfleisch kaufen! Denn durch die meist sehr farbige Marinade, die von einer bunten Mischung an Zutaten herrührt, ist es kaum möglich, mit Gewissheit zu sagen, was man da gerade kauft.

Marinaden vereinigen meist eine süßliche und eine salzige Komponente, die beim Einwirken über Nacht im Kühlschrank den Eigengeschmack des Grillguts – im besten Fall! – steigern und das Fleisch zarter werden lassen. Der säurehaltige Bestandteil der Marinade dient zum Zersetzen der Fleischfaser, der ölhaltige Bestandteil als Transportstoff. Hinzugefügt werden Aromen wie z.B. Kräuter, Gewürze oder Zitrusfrüchte. Ähnlich wie Essige o.Ä. funktionieren auch die Enzyme von Ingwer, Papaya oder Ananas. Oder es werden Milchprodukte wie z.B. Milch, Buttermilch, Joghurt oder Ayran verwendet, deren Milchsäure das Grillgut ebenfalls leicht mürbe macht.

Grillgut sollte am besten in einer verschließbaren Tüte mariniert werden, da man so am wenigsten Marinade benötigt und durch mehrfaches Wenden wirklich jedes Stück gleichermaßen mariniert wird. Ich persönlich mariniere Grillgut zum Kurzbraten in der Regel nicht, da ich den reinen Fleischgeschmack nicht überlagert wissen möchte.

Jedoch gibt es Grillstücke, bei denen eine kreative Marinade zu gänzlich neuen Geschmackserlebnissen führt, wie z.B. das Rezept auf Seite 138 zeigt.

STEAK TATARE

— MIT GEGRILLTEM —

KNOBLAUCHBAGUETTE

I

Die Baguettes der Länge nach aufschneiden und trocken auf der Schnittfläche ca. 5 Minuten kross grillen. Den frischen Knoblauch quer halbieren, mit den Schnittflächen auf die noch heißen Baguettes reiben und somit das komplette Aroma ins heiße Brot einbringen. Etwas salzen und mit Olivenöl beträufeln.

II

Für das Steak Tatare das Filet erst in feine Scheiben, dann in feine Würfel schneiden. Hierzu das schärfste Messer aus der Küche verwenden.

III

Schalotte abziehen, fein würfeln und mit etwas kochendem Wasser in einem Sieb überbrühen. Die Cornichons ebenfalls fein würfeln und zusammen mit den Schalottenwürfeln in eine Schüssel geben. Die Anchovis in kaltem Wasser wässern, abtropfen lassen und fein würfeln. Kapern abtropfen lassen und mit den Anchovis zu den anderen Zutaten in die Schüssel geben.

IIII

Olivenöl, etwas Tabasco, Cognac und etwas Pfefferschrot zugeben und das Ganze gut vermengen. Anschließend die Filetwürfel dazugeben und mit zwei Löffeln unterheben. Die Zutatenschüssel in eine weitere Schüssel mit Eiswürfeln stellen. Nach Belieben Eigelbe mit etwas Honigsenf und Cayennepfeffer verquirlen und das Tatar beim Servieren auf dem gegrillten Baguette damit beträufeln.

Zubereitungszeit: 20 Minuten

ZUTATEN FÜR 8 PORTIONEN:

Für das Baguette:

- 2 Baguettes
- 1 Knoblauchzehe
- Olivenöl zum Beträufeln

Für das Steak Tatare:

- 400 g Rinderfilet, gut abgehangen und küchenfertig pariert
- 1 kleine Schalotte
- 2 kleine Cornichons
- 3 Anchovis
- 1 EL kleinste Kapern
- 2 EL Olivenöl
- grüne Tabascosauce
- 1 Schuss Cognac
- grob geschroteter Pfeffer
- 4 sehr frische Eigelbe, Honigsenf und Cayennepfeffer nach Belieben

TIPP

Das Messer vor dem Schneiden des Fleischs ca. 1 Stunde im Kühlschrank durchkühlen. Wenn es schnell gehen soll, die Klinge in Eiswürfel tauchen und abtrocknen.

– SCHNELLE FILETMITTE – VOM RIND

ZUTATEN FÜR 8 PORTIONEN:

4 Rinderfiletmedaillons à 250 g, küchenfertig pariert

1 EL geschroteter Malabarpfeffer

1 EL grobes Kalaharisalz

2 grüne Kardamomkapseln

4 Thymianzweige

3 EL Olivenöl

I

Die Medaillons vor dem Grillen mindestens 2 Stunden abgedeckt bei Zimmertemperatur bereitstellen, damit sich das Fleisch entspannen kann.

II

Die Filetstücke leicht mit dem Handballen andrücken und trocken – ohne Öl oder Gewürze – auf dem heißen Rost beidseitig je 5 Minuten grillen. Anschließend auf ein Holzbrett legen.

III

In einer gusseisernen Pfanne Malabarpfeffer, Kalaharisalz sowie Kardamomkapseln unter stetem Wenden etwa 5 Minuten rösten. Noch warm im Steinmörser fein zerreiben. Thymian waschen und trockenschütteln. Die Blätter abzupfen, mit dem Olivenöl zu den Gewürzen geben und alles gut vermengen. Über das Fleisch gießen und dieses etwa 10 Minuten marinieren lassen.

IIII

Das Fleisch noch einmal in der Marinade wenden und anschließend leicht abtropfen lassen. Erneut beidseitig je 5 bis 7 Minuten auf den heißen Rost geben. Vor dem Servieren noch einmal etwa 3 Minuten auf dem Holzbrett ruhen lassen.

Zubereitungszeit: 25 Min. + ca. 2 Std. Ruhezeit + 10 Min. Marinierzeit

TIPP

Die Filetmedaillons schmecken ganz besonders gut auf kurz angegrillten dicken Fleischtomatenscheiben, die mit etwas Bio-Orangenabrieb gewürzt werden. Mit dieser leichten orientalischen Note sind sie ein wahrer Gaumenschmaus. Mein Lieblingsfilet kommt vom Charolais-Rind, am besten in der Charoluxe-Veredelung.

MASSIERTES FLANKSTEAK

ZUTATEN FÜR 8 PORTIONEN:

- 2 Flanksteaks vom Black-Angus-Rind à 800–1200 g
- 1 Bio-Orange
- 2 Bio-Zitronen
- 6 Rosmarinzweige
- 2 EL brauner Zucker
- 1 EL grobes Meersalz

I

Flanksteaks kurz waschen, trockentupfen und auf beiden Seiten je 5 Minuten auf dem sehr heißen Grill rösten. Direkt vom Grill auf ein Holzbrett legen – gerne auf einige Rosmarinzweige als »Bett« – und etwa 10 Minuten ruhen lassen.

II

Orange und Zitronen heiß waschen und trockenreiben. Schale abreiben. Rosmarin waschen und trockenschütteln. Die Nadeln von den Zweigen streifen. Orangen- und Zitronenabrieb, Rosmarin, Zucker und Meersalz in eine Schüssel geben und mit dem Häckysleraufsatz des Stabmixers fein zermahlen.

III

Die Würzmischung auf beiden Seiten der Flanksteaks gut einmassieren. Das Fleisch anschließend noch einmal 3 Minuten je Seite kross grillen. Kurz auf dem Holzbrett ruhen lassen, in fingerdicke Tranchen aufschneiden und nochmals leicht die Würzmischung einmassieren.

Zubereitungszeit: 25 Min. + ca. 10 Min. Ruhezeit

TIPP

Der amerikanische Trendcut »Flank« stammt aus dem Bauchlappen vom Rind. Das Flanksteak sollte man aus meiner Sicht immer als Ganzes verarbeiten. Durch seine gute Marmorierung ist das Flanksteak sehr saftig und – bei richtiger Zubereitung! – auch butterzart. Lebenswichtig: Das aus der unteren Rippe geschnittene Flanksteak muss nach dem Grillen unbedingt quer zur Faser geschnitten werden, damit es zart über die Gaumen der Gäste gleitet.

STEAKS
– VOM SCHWEINENACKEN MIT –
ITALIENISCHEN AROMEN

ZUTATEN FÜR 8 PORTIONEN:

- 2 junge Knoblauchzehen
- 10 Salbeiblätter
- 1 TL Rohrzucker
- 1 TL Malabarpfefferkörner
- ½ TL grobes Meersalz
- 1 TL frisch geriebener Ingwer
- 4 EL Rapsöl
- 4 Nackensteaks à mindestens 250 g

I

Knoblauch abziehen. Salbei waschen und trockentupfen. Knoblauch, Salbei, Zucker, Malabarpfeffer, Meersalz, Ingwer und Rapsöl im Standmixer fein pürieren. Die Nackensteaks waschen, trockentupfen, in eine Schüssel geben und mit der Marinade übergießen. Abgedeckt mindestens 3 Stunden bei Zimmertemperatur marinieren.

II

Das Fleisch gut abtropfen lassen und beidseitig je 7 Minuten auf dem heißen Rost grillen. Anschließend für 10 Minuten auf einem Holzbrett ruhen lassen. Dann noch einmal je Seite 3 Minuten kross grillen.

Zubereitungszeit: 20 Min. + 3 Std. Marinierzeit + 10 Min. Ruhezeit

TIPP

Zu diesen Nackensteaks schmecken geschmorte Apfelspalten besonders gut. Dazu 2 süße Bio-Äpfel waschen, halbieren, entkernen, achteln und mit 1 Teelöffel Honig beträufeln. In einer gusseisernen Pfanne oder Form auf dem Grill etwa 10 Minuten schmoren lassen. Mit Salz würzen und nach Belieben noch einige Thymianblättchen dazugeben.

SCHWEINEBAUCH — MIT — ZITRONENHONIG

ZUTATEN FÜR 8 PORTIONEN:

2 Bio-Zitronen
-
4 Thymianzweige
-
2 junge Knoblauchzehen
-
4 EL Blütenhonig
-
1 TL Kalaharisalz
-
1 TL rote Kampotpfefferkörner
-
100 ml Apfelsaft
-
600 g Schweinebauch ohne Schwarte, in Scheiben geschnitten
-

I

Zitronen heiß waschen und trockenreiben. Die Schale abreiben, den Saft auspressen. Thymian waschen und trockenschütteln. Die Blättchen abzupfen. Knoblauch abziehen. Zitronenabrieb, Zitronensaft, Thymian und Knoblauch mit den restlichen Zutaten – außer dem Fleisch – mit dem Stabmixer oder im Standmixer fein pürieren.

II

Die Schweinebauchscheiben beidseitig je 3 Minuten auf dem heißen Grill kross rösten, in eine Auflaufform legen und mit dem Zitronenhonig übergießen. Etwa 15 Minuten darin marinieren. Anschließend die Marinade gut abstreifen und die Scheiben nochmals etwa 5 Minuten je Seite extrakross grillen.

Zubereitungszeit: 30 Min. + 15 Min. Marinierzeit

TIPP

Der fettdurchsetzte frische Schweinebauch ist sozusagen der Deckel des Brustkorbs unserer Hausschweine. Den Schweinebauch sollte man am einfachsten ohne Schwarte schon in 3 bis 5 Zentimeter dicke Scheiben geschnitten beim Metzger kaufen. Den krossen Schweinebauch in feine Streifen geschnitten einfach als Snack zum Bier servieren!

– KNUSPRIGE ENTENBRUST –

ASIA-STYLE

I

Das Fleisch waschen und trockentupfen. Anschließend die Haut der Entenbrüste mit einem scharfen Messer fein rautenförmig einschneiden. Dabei darauf achten, nicht ins Muskelfleisch der Brust zu schneiden.

II

Die Entenbrüste auf der Hautseite 5 Minuten direkt kross grillen. Weitere 3 Minuten auf der anderen Seite grillen. Anschließend auf jeweils ein großes Stück Pergamentpapier legen.

III

Zitrone und Orange heiß waschen und trockenreiben. Die Schale abreiben, den Saft auspressen. Koriander waschen und trockenschütteln. Die Blätter abzupfen. Knoblauch abziehen. Zitrusabrieb und -saft, Koriander, Knoblauch, Sojasauce, Ingwer, Honig und Szechuanpfeffer mit dem Stabmixer fein aufschäumen.

IIII

Die krosse Hautseite der Entenbrüste mit dem Asiasud bestreichen und jede Entenbrust fest ins Pergamentpapier einwickeln. Mindestens 1 Stunde bei Zimmertemperatur marinieren. Anschließend die Marinade gut abstreifen und das Fleisch erneut erst auf der Hautseite extra kross auf dem heißen Rost 5 bis 7 Minuten grillen. Wenden und weitere 3 Minuten grillen. Noch einmal für 3 bis 5 Minuten ins Pergamentpapier geben, ruhen lassen und vor dem Servieren in Tranchen schneiden.

Zubereitungszeit: 25 Min. + 1 Std. Marinierzeit + ca. 5 Min. Ruhezeit

ZUTATEN FÜR 8 PORTIONEN:

- 4 Barbarie-Entenbrüste (weiblich) à mindestens 180 g
- 1 Bio-Zitrone
- 1 Bio-Orange
- 1 Bund Koriander
- 2 junge Knoblauchzehen
- 3 EL helle Sojasauce
- 2 EL gewürfelter frischer Ingwer
- 1 TL Akazienblütenhonig
- 1 TL Szechuanpfeffer

TIPP

Die Barbarie-Ente mit ihrem typischen Eigengeschmack und den leichten Wildgeflügelnoten ist ein ideales Grundprodukt fürs kreative Grillen. Besonders die weiblichen Brüste bestechen durch ihre dunkelrote Farbe und das zarte, saftige Muskelfleisch. Aufgrund ihres geringeren Gewichts eignen sie sich besonders gut fürs schnelle Grillen.

LAMMKARREE
— MIT OLIVEN —
UND TOMATEN

ZUTATEN FÜR 8 PORTIONEN:

4 Rosmarinzweige

4 junge Knoblauchzehen

100 g schwarze Oliven ohne Stein

100 g getrocknete Tomaten ohne Öl

1 TL Fenchelsaat

8 EL Olivenöl

2 Lammkarrees à ca. 400 g

Salz

I

Rosmarin waschen und trockenschütteln. Die Nadeln von den Zweigen streifen. Knoblauch abziehen. Rosmarin und Knoblauch mit Oliven, Tomaten, Fenchelsaat und Olivenöl im Standmixer oder mit dem Stabmixer zu einer feinen Marinade pürieren.

II

Die Lammkarrees waschen, trockentupfen und in eine Plastiktüte geben. Die Marinade dazugeben und das Fleisch mindestens 12 Stunden, am besten über Nacht, im Kühlschrank darin ziehen lassen. Vor dem Grillen das Fleisch aus der Tüte nehmen und noch einmal mindestens 3 Stunden bei Zimmertemperatur durchziehen lassen.

III

Die Karrees auf beiden Seiten je 5 Minuten bei voller Grillhitze kross grillen. 10 Minuten auf einem Holzbrett ruhen lassen, dann am Rand des Grills noch einmal 10 Minuten langsam weitergrillen. Vor dem Zerteilen in »Knabberkoteletts« weitere 5 Minuten ruhen lassen. Erst ganz zum Schluss leicht salzen.

Zubereitungszeit: 45 Min. + 15 Std. Marinierzeit + 15 Min. Ruhezeit

TIPP

Zu diesem Lammkarree passt ein knuspriger Kartoffelsalat. Dafür 200 Gramm ungeschälte, bissfest gekochte Drillinge vierteln und in einer heißen Pfanne mit 50 Gramm Mandelstiften und 1 Teelöffel Fenchelsaat in etwas Olivenöl kross ausbraten. Nach etwa 10 Minuten unter stetem Wenden mit etwas grobem Salz würzen. Und wenn dieser Kartoffelsalat noch etwas italienischer daherkommen soll, einfach ein kleines Glas Taggiasca-Oliven zugeben.

HÜHNERKEULEN IM KRAEUTERSUD

ZUTATEN FÜR 8 PORTIONEN:

- 8 große ausgelöste Hühnerkeulen, insgesamt ca. 2 kg
- 2 Bund Blattpetersilie
- 4 Bio-Zitronen
- 6 junge Knoblauchzehen
- 6 EL Olivenöl
- grobes Salz

I

Die Hühnerkeulen waschen, trockentupfen und auf der Hautseite auf den heißen Rost legen. 3 bis 5 Minuten kross grillen, dann kurz auf der Fleischseite nachziehen lassen.

II

Für die Marinade Petersilie waschen, trockenschütteln und grob schneiden. Zitronen heiß waschen und trockenreiben. Die Schale abreiben, das Fruchtfleisch filetieren. Knoblauch abziehen und in feine Stifte schneiden. Zitronenfilets samt Saft mit Olivenöl in eine Schüssel geben. Knoblauch, Petersilie und Zitronenschale dazugeben und alles mit etwas Salz abschmecken.

III

Die gegrillten Hühnerkeulen in die Marinade legen und darin wenden. 1 Stunde marinieren lassen. Anschließend die Marinade gut abstreifen und die Keulen noch einmal extra kross in 7 bis 10 Minuten fertig grillen. Zum Servieren wieder mit der Marinade übergießen.

Zubereitungszeit: 30 Min. + 1 Std. Marinierzeit

TIPP

Die Hühnerkeule ist mit ihrer krossen Grillhaut immer wieder ein Genuss. Bei dieser Zubereitungsart sind die Keulen an Zartheit kaum noch zu überbieten. Wenn Sie sie selbst von den Knochen befreien, trennen Sie die ganzen Keulen erst einmal in Ober- und Unterkeule und lösen dann deren Knochen aus. Sie können die Keulen aber auch schon ausgelöst beim Metzger vorbestellen.

KALBSKOTELETTS MIT ORIENTALISCHEN AROMEN

ZUTATEN FÜR 8 PORTIONEN:

- 4 Kalbskoteletts à 250–300 g
- 2 junge Knoblauchzehen
- 2 EL gewürfelter frischer Ingwer
- 1 TL Kreuzkümmel
- 1 TL Ras el Hanout
- 1 TL Muskatblüte
- 2 EL Rapsöl
- 500 ml Ayran

Außerdem:
etwas fein geschnittener Koriander, Zitronensaft und Ayran zum Servieren

I

Die Kalbskoteletts gut abspülen, trockentupfen und in eine Form legen. Für die Marinade Knoblauch abziehen und mit Ingwer, Gewürzen, Rapsöl und Ayran im Standmixer fein pürieren. Die Marinade über die Koteletts gießen und diese mindestens 3 Stunden bei Zimmertemperatur darin ziehen lassen.

II

Die Marinade gut abstreifen und das Fleisch auf jeder Seite maximal 7 Minuten bei größtmöglicher Hitze grillen. Anschließend für 5 Minuten zum Ruhen auf ein Holzbrett betten. Dann noch einmal je etwa 3 Minuten auf beiden Seiten nachgrillen und nach nochmaligem kurzem Ruhen servieren.

III

Koriander, Zitronensaft und Ayran runden das Aroma der gegrillten Kalbskoteletts ab.

Zubereitungszeit: 30 Min. + 3 Std. Marinierzeit + 5 Min. Ruhezeit

TIPP

Hierzu passt ein fruchtiger Fenchelsalat: 1 geputzte Fenchelknolle und 1 abgezogene Zwiebel in Stifte schneiden und in einer Pfanne trocken rösten. Mit 100 Milliliter Orangensaft aufgießen, etwa 7 Minuten schmoren lassen. 2 halbierte, entkernte Pfirsiche auf der Schnittfläche etwa 5 Minuten grillen. In Spalten schneiden und unterheben. Mit dem Saft von 3 Limetten, etwas Arganöl und Salz würzen.

MANDEL-CRUNCH-BUTTER

50 g gebrannte Mandeln fein schroten. **250 g fein gesalzene, zimmerwarme Butter** mit der Küchenmaschine sehr schaumig schlagen. Mandeln, **1 EL Thymianblättchen und 1 TL Currypulver** unterheben.

Die Buttermischung auf ein Blatt Backpapier geben und in Rollenform bringen. In Frischhaltefolie gewickelt im Kühlschrank mindestens 24 Stunden durchkühlen lassen. Anschließend nach Wunsch in Portionsscheiben schneiden und servieren.

Zutaten für 10 Portionen | Zubereitungszeit: 15 Min. + 24 Std. Kühlzeit

Tipp
Diese Buttervariation passt gut zu gegrilltem Geflügel, Kalb und Schwein.

HONIG-SPECK-BUTTER

75 g Speck fein würfeln. **1 Schalotte** und **1 Knoblauchzehe** abziehen und ebenfalls fein würfeln. Mit **2 EL Honig** in eine Pfanne geben und etwa 10 Minuten sanft schmoren lassen. Anschließend abkühlen lassen.

250 g fein gesalzene, zimmerwarme Butter mit der Küchenmaschine sehr schaumig schlagen. Die Speckmischung unterheben. Die Buttermischung auf ein Blatt Backpapier geben und in Rollenform bringen. In Frischhaltefolie gewickelt im Kühlschrank mindestens 24 Stunden durchkühlen lassen. Anschließend nach Wunsch in Portionsscheiben schneiden und servieren.

Zutaten für 10 Portionen | Zubereitungszeit: 25 Min. + 24 Std. Kühlzeit

Tipp
Diese hocharomatische Butter ist ein »Allesbegleiter«: Sie passt zu jeder Fleischsorte, aber auch zu Grillkartoffeln oder Grillgemüse.

GRÜNE ZITRONENBUTTER

1 Bund Blattpetersilie und 1 Bund Koriander waschen und trockenschütteln. Die Blätter abzupfen. Mit der abgeriebenen Schale von **4 Bio-Zitronen** sowie **1 EL frisch gepresstem Zitronensaft und 6 EL Rapsöl** fein pürieren.

250 g fein gesalzene, zimmerwarme Butter mit der Küchenmaschine sehr schaumig schlagen. Die Kräutermischung unterheben. Am besten nicht ganz gleichmäßig unterheben, sodass beim Anschneiden später ein Muster entsteht.

Die Buttermischung auf ein Blatt Backpapier geben und in Rollenform bringen. In Frischhaltefolie gewickelt im Kühlschrank mindestens 24 Stunden durchkühlen lassen. Anschließend nach Wunsch in Portionsscheiben schneiden und servieren.

Zutaten für 10 Portionen | Zubereitungszeit: 25 Min. + 24 Std. Kühlzeit

ERDNUSSDIP ASIA-STYLE

50 g frische Ingwerwurzel und 5 Knoblauchzehen schälen bzw. abziehen und fein würfeln. Mit

250 g cremiger Erdnussbutter, 100 ml Sweet-Chili-Sauce, der abgeriebenen Schale und dem Saft von

1 Bio-Zitrone sowie **etwas Salz** mit dem Schneebesen gut verrühren und etwa 2 Stunden bei Zimmertemperatur ziehen lassen.

Zutaten für 10 Portionen | Zubereitungszeit: 10 Min. + 2 Std. Ziehzeit

KALBSBULETTEN — MIT — SESAMGARNELEN

I

Ingwer schälen und fein würfeln. Sesamsamen in einer kleinen Pfanne ohne Fett anrösten. Koriander waschen und trockenschütteln. Die Blätter abzupfen und fein schneiden.

II

In einer großen Schüssel das Kalbshack mit Ingwer, Sesam und Koriander vermengen. Mit Austernsauce, Kampotpfefferschrot und etwas Salz würzen.

III

Die Riesengarnelen vom Darmfaden befreien, gut unter kaltem Wasser abspülen, trockentupfen und in grobe Würfel schneiden. In die Schüssel zum Kalbshack geben. Das Ganze zu einer festen Masse vermischen und zu handtellergroßen Buletten formen. Die Buletten in das Schweinenetz wickeln und auf dem heißen Rost auf beiden Seiten je 5 bis 7 Minuten direkt kross grillen.

Zubereitungszeit: 30 Minuten

ZUTATEN FÜR 8 PORTIONEN:

- 25 g frische Ingwerwurzel
- 25 g helle Sesamsamen
- 1 Bund Koriander
- 750 g Kalbshack, am besten mit etwas mehr Fettanteil
- 1 EL Austernsauce
- 1 TL geschroteter roter Kampotpfeffer
- Salz
- 250 g Riesengarnelen ohne Schale

Außerdem:

- 1 Schweinenetz

TIPP

Diese Marinade passt toll dazu: 100 Milliliter Lime Juice mit 100 Milliliter Sesamöl, 100 Milliliter frisch gepresstem Zitronensaft, 1 Bund gezupfter frischer Minze, 1 Bund gezupftem frischem Thaibasilikum sowie etwas Salz im Standmixer fein pürieren und zur Bulette servieren.

TOMAHAWK-RIBEYE – MIT – BBQ-SAUCE

I

Die Steaks waschen und trockentupfen und vor dem Grillen etwa 3 Stunden bei Zimmertemperatur abgedeckt bereitstellen. Anschließend auf dem heißen Grillrost bei etwa 250 °C auf beiden Seiten je 6 bis 7 Minuten kross grillen.

II

Die Steaks auf ein Holzbrett legen und mit etwas Rapsöl, Salz und Pfefferschrot auf beiden Seiten bestreichen bzw. würzen. Mit einem Baumwolltuch abdecken und nochmals etwa 15 Minuten ruhen lassen. Anschließend erneut auf beiden Seiten je etwa 2 Minuten auf dem heißen Rost grillen. Vor dem Anschneiden noch einmal 3 bis 5 Minuten ruhen lassen.

III

Für die BBQ-Sauce Zwiebel und Knoblauch abziehen und fein würfeln. Mit den restlichen Zutaten in einen Topf geben und mindestens 15 Minuten gut einkochen lassen. Anschließend fein pürieren. Nach Belieben die BBQ-Sauce noch mit etwas abgeriebener Orangenschale verfeinern.

Zubereitungszeit: 50 Min. + 3 Std. und 20 Min. Ruhezeit

ZUTATEN FÜR 8 PORTIONEN:

Für die Steaks

- 2 gereifte Tomahawk-Steaks à mindestens 1 kg
- Rapsöl
- Salz
- geschroteter Pfeffer aus der Mühle

Für die BBQ-Sauce

- 1 Gemüsezwiebel
- 2 Knoblauchzehen
- 400 g San-Marzano-Tomaten (aus der Dose)
- abgeriebene Schale und Saft von 2 Bio-Zitronen
- 1 TL Wikinger-Räuchersalz
- 1 TL Chiliflocken
- 1 TL grüner Pfeffer aus der Lake
- 2 EL Ketchup
- 2 EL Himbeermarmelade
- 100 ml Blutorangensaft
- 50 ml Cola
- 3 EL Ahornsirup
- 2 EL Honigsenf
- abgeriebene Bio-Orangenschale nach Belieben

WILDSCHWEINKEULE IM AYRANSUD

I

Für die Marinade Rosmarin waschen und trockenschütteln. Die Nadeln von den Zweigen streifen. Knoblauch abziehen. Rosmarin und Knoblauch mit Ayran, Sojasauce, Ahornsirup, Zitronenschale und Kardamom im Standmixer oder mit dem Stabmixer fein pürieren.

II

Die Wildschweinkeule waschen, trockentupfen und in einen verschließbaren Plastikbeutel geben. Den Ayransud dazugeben. Vorsichtig die Luft aus dem Beutel pressen, den Beutel gut verschließen und das Fleisch mindestens 24 Stunden im Kühlschrank im Sud marinieren.

III

Etwa 3 Stunden vor dem Grillen die Keule aus dem Kühlschrank nehmen und von der Marinade befreien. Anschließend gut abgetupft auf beiden Seiten je etwa 10 Minuten auf dem heißen Rost grillen. Vom Grill nehmen und mit etwas Olivenöl bestreichen. In einer Steingutschale bei indirekter Hitze – ca. 165 °C – etwa 2 Stunden unter Wenden saftig schmoren.

Zubereitungszeit: 40 Min. + 24 Std. Marinierzeit + 2 Std. Schmorzeit

ZUTATEN FÜR 4 PORTIONEN:

- 8 Rosmarinzweige
- 1 Knoblauchknolle
- 500 ml Ayran
- 1 EL helle Sojasauce
- 3 EL Ahornsirup
- abgeriebene Schale von 2 Bio-Zitronen
- 2 grüne Kardamomkapseln
- 1 kleine, ausgelöste Keule vom Wildschwein, am besten vom Überläufer, ca. 1,5 kg
- Olivenöl zum Bestreichen

TIPP

Reichen Sie zur aufgeschnittenen Keule gerne einen aromatisierten Ayran: Dazu 2 Becher Naturjoghurt, Saft und Abrieb von 1 Bio-Zitrone, etwas Salz, Szechuanpfeffer sowie etwas Mineralwasser in eine Schüssel geben. Das Ganze gut verrühren und mit fein geschnittener frischer Minze abrunden. In Gläsern servieren.

OCHSENKARREE

– AUF SUESSEM –

MÖHRENRAGOUT

I

Etwas Szechuanpfeffer im Mörser grob zerstoßen. Das Fleisch waschen und gut trockentupfen. Ungewürzt auf dem heißen Grillrost bei etwa 250 °C auf beiden Seiten je etwa 10 Minuten kross angrillen. Vom Rost nehmen, mit grobem Salz und Szechuanpfeffer einreiben und für etwa 30 Minuten ruhen lassen.

II

Für das Ragout die Möhren schälen und grob würfeln. Zwiebeln und Knoblauch abziehen und ebenfalls grob würfeln. Möhren, Zwiebeln und Knoblauch in eine Schüssel geben und gut mit Olivenöl und Lindenhonig vermengen. Anschließend in eine große Steingutauflaufform geben. Das angegrillte Ochsenkarree daraufbetten und bei 165 °C und geschlossenem Deckel etwa 2 Stunden unter Wenden schmoren lassen.

Zubereitungszeit: 30 Min. + 30 Min. Ruhezeit + 2 Std. Schmorzeit

ZUTATEN FÜR 8 PORTIONEN:

Für das Karree

- Szechuanpfeffer
- 3 kg küchenfertiges Ochsenkarree »Dry Aged«
- grobes Meersalz

Für das Möhrenragout

- 10 Möhren
- 2 Gemüsezwiebeln
- 4 Knoblauchzehen
- 4 EL Olivenöl
- 4 EL Lindenhonig

TIPP

Grillen Sie 3 halbierte Saftorangen auf der Schnittseite, bis sie leicht kross sind. Bestreichen Sie anschließend die gegrillte Seite der Orange mit etwas Honig und streuen etwas Salz darüber. Beim Servieren pressen Sie nun einfach den heißen Orangensaft mit Honigaroma über das gegrillte Ochsenfleisch.

SAFTIGE LAMMRIPPE

ZUTATEN FÜR 8 PORTIONEN:

- 4 EL Olivenöl
- 2 EL Maracujasaft
- 1 EL fruchtiges Currypulver
- 1 EL Paprikapulver
- 1 TL geschroteter Szechuanpfeffer
- 1 TL brauner Zucker
- 1 TL grobes Kalaharisalz
- 1 TL geschrotete Fenchelsaat
- ca. 3,2 kg Rippenfleisch vom Lamm

I

Für die Marinade Olivenöl, Maracujasaft, Currypulver, Paprikapulver, Szechuanpfeffer, Zucker, Salz und Fenchelsaat gut vermischen.

II

Das Fleisch waschen, trockentupfen und in einen verschließbaren Plastikbeutel geben. Die Marinade dazugeben und vorsichtig die Luft aus dem Beutel pressen. Das Fleisch etwa 24 Stunden im Kühlschrank marinieren lassen.

III

Das Fleisch vor dem Grillen aus der Marinade nehmen und etwa 3 Stunden bei Zimmertemperatur ruhen lassen.

IIII

Die Marinade mit dem Rotwein in einen kleinen Topf geben und etwa 15 Minuten einkochen lassen. Anschließend durch ein Sieb gießen.

IIIII

Das Lammfleisch beidseitig auf dem etwa 200 °C heißen Rost je 8 bis 10 Minuten kross grillen. Vor dem Verzehr mit etwas Rotweinsauce übergießen und zerteilen. Die restliche Sauce zum Fleisch reichen.

Zubereitungszeit: 45 Min. + 24 Std. Kühlzeit + 3 Std. Ruhezeit

TIPP

Die Lämmer sollten bei der Schlachtung nicht älter als maximal sechs Monate sein, dann ist ihr Fleisch besonders zart. Das Fleisch sollte aus dem vorderen bis mittleren Brustbereich stammen, da dieses mit dem höchsten Fettbesatz versehen ist. Pro Person sollte man mit 800 Gramm Rippenfleisch rechnen.

REGISTER A – Z

× IMPRESSUM ×

1. AUFLAGE

Genehmigte Sonderausgabe

HINWEISE:

Die Ratschläge/Informationen in diesem Buch sind vom Autor und Verlag sorgfältig geprüft, dennoch kann eine Garantie nicht übernommen werden. Eine Haftung des Autors bzw. des Verlags und seiner Beauftragten für Personen-, Sach- und Vermögensschäden ist ausgeschlossen.

Projektleitung dieser Ausgabe:
Macielle Christin Montoya Barea
Redaktion: Claudia Lenz (Essen), Gudrun Mach (Raubling), Dr. Ulrike Kretschmer (München)
Korrektorat: Barbara Kohl
Herstellung: Birgit Olbrich

Bildredaktion: Sabine Kestler
Fotografie: Michael Holz, Hamburg
Foodstyling: Nicole Müller-Reimann
Styling Grillkapitel: Imke Mohr
Mit Ausnahme von: Seite 129: istockphoto/AVNphoto-lab; Seite 131: gettyimages/Johner Images

Art Direktion, Layout: OH, JA!
Umschlaggestaltung: Atelier Versen, Bad Aibling, nach einer Vorlage von OH, JA!
Satz: Nadine Thiel, kreativsatz, München
Reproduktion: Artilitho snc, Lavis (Trento)
Druck & Verarbeitung: TBB, a.s., Banská Bystrica

Printed in Slovakia

Penguin Random House Verlagsgruppe
FSC® N001967
ISBN 978-3-8094-4943-0

67449420121